Grenzen des Wachstums

Andreas Koch / Martina Winkler (Hrsg.)

Grenzen des Wachstums

Eine Annäherung in 16 Essays

PETER LANG

Bibliografische Information der Deutschen Nationalbibliothek
Die Deutsche Nationalbibliothek verzeichnet diese Publikation
in der Deutschen Nationalbibliografie; detaillierte bibliografische
Daten sind im Internet über http://dnb.d-nb.de abrufbar.

Gedruckt mit Unterstützung durch:
Stiftungs- und Förderungsgesellschaft der
Paris-Lodron-Universität Salzburg

öh uni salzburg
www.oeh-salzburg.at

Umschlagabbildung: © 2009 zettberlin / Photocase

ISBN 978-3-631-79952-9 (Print)
E-ISBN 978-3-631-80219-9 (E-PDF)
E-ISBN 978-3-631-80220-5 (EPUB)
E-ISBN 978-3-631-80221-2 (MOBI)
DOI 10.3726/b16145

© Peter Lang GmbH
Internationaler Verlag der Wissenschaften
Berlin 2019
Alle Rechte vorbehalten.

Peter Lang – Berlin · Bern · Bruxelles · New York ·
Oxford · Warszawa · Wien

Diese Publikation wurde begutachtet.

www.peterlang.com

Vorwort

Grenzen markieren einen Unterschied. Jede Erfahrung von „hier" und „dort", von „gestern" und „morgen" oder „Zugehörigkeit" und „Ausschluss" hat ihre Ursache in einer Grenzziehung. Die durch eine Grenze markierte Unterscheidung folgt dabei einer dialektischen oder dreiwertigen Logik: „Sie enthält ihre beiden Seiten und die Trennung zwischen diesen beiden Seiten", wie Dirk Baecker in seinem Buch „Wozu Systeme?" schreibt. Dieser Logik folgend, richten wir unseren Blick auf das Diesseits (oder das System) und das Jenseits (oder die Umwelt) eines Phänomens und versuchen, die Grenze zu entdecken, zu errichten, festzuschreiben, sie durchlässig(er) zu machen, aufzuheben oder zu verschieben. Bei aller Flexibilität und Kontingenz, die uns Grenzsetzungen erlauben, bleibt das Grundprinzip ihres Wesens erhalten: indem Grenzen trennen, verbinden sie zugleich das Getrennte, und keine Unterscheidung ist ohne ihr komplementäres Gegenüber denkbar. Diese Besonderheit spüren wir bei jeder Entscheidung, die wir treffen, denn jedes urteilen (be-) denkt die Alternativen beim Entscheiden mit.

Diese Eigenschaften von Grenzen mögen uns in theoretischer Hinsicht zutreffend und plausibel erscheinen, jedoch sind sie es umso weniger, je mehr wir versuchen, ihren praktischen Stellenwert in den Vordergrund zu rücken. Wenn, wie im Falle dieses Buches, von Grenzen des Wachstums die Rede ist, fällt es schwer zu bezeichnen, wovon Wachstum zu unterscheiden ist. Wäre „absolute Schrumpfung" oder „relative Entschleunigung" das passende Pendant? Zudem ist zu berücksichtigen, um welches Wachstum es sich handelt. Wirtschaftswachstum, Bevölkerungswachstum, Temperaturanstieg im Klimawandel, Wachstum von Migrantinnen und Migranten, flüchtenden Menschen, der Lebenserwartung, von Wissen, Meinungen und Prozessorleistung – jedes Wachstum hat seinen eigenen Ausganspunkt und Entwicklungsverlauf. Nicht zuletzt wohnt Wachstum eine je eigene Dynamik inne.

Fragen und Probleme des Wachstums verlangen insofern weniger eine möglichst exakte Festsetzung, sondern vielmehr eine Annäherung an ihre je spezifischen Grenzen. Dieser Aufgabe und den damit verbundenen Herausforderungen widmet sich der vorliegende Band. Auch ohne exakte Vermessung werden wir in vielen Bereichen unseres täglichen Lebens gewahr, an Grenzen zu stoßen oder sie womöglich schon überschritten zu haben. Es gilt daher, Möglichkeitshorizonte auszuleuchten.

Dieses Ansinnen geht zurück auf eine interdisziplinäre Ringvorlesung im Wintersemester 2016/17 an der Universität Salzburg. Der Titel „Grenzen des Wachstums" wurde bewusst gewählt, um eine breite und differenzierte Diskussion zu ermöglichen. Der Einladung folgten ein Dutzend KollegInnen aus dem universitären und außeruniversitären Umfeld, die unter anderem über Gemeinwohlökonomie, Freihandelsabkommen, Akkumulationsregimes im Kapitalismus, Umweltflüchtlinge, Entgrenzung von Arbeit und Neuen Medien referierten. Acht dieser Vorträge sind, in Form eines Essays, in diesem Band versammelt.

Die Studierenden wurden ebenfalls gebeten, zu einem oder mehreren dieser Themen ein Essay zu verfassen, der ihre – auch generationsspezifische – Sicht auf die verhandelten Probleme, Herausforderungen und möglichen Lösungsansätze widerspiegeln soll. Die Resonanz war überwältigend, knapp 200 Studierende haben sich auf unsere Bitte hin mit einem Essay beteiligt. Viele dieser Essays waren sehr gut. Um ein Gleichgewicht zu den acht Essays der Referentinnen und Referenten herzustellen, haben wir acht studentische Essays ausgewählt, die hier ebenfalls publiziert sind. Trotz Einhaltung der an ein Essay zu richtenden Mindestanforderungen, variieren die Beiträge gewollt hinsichtlich Umfang, thematischer Zuspitzung, stilistischer und sprachlicher Ausdrucksweisen. Damit hoffen wir, Widerspruch und Zuspruch zu provozieren, jedenfalls einen kleinen Beitrag für eine weitergehende öffentliche Debatte zu leisten – dies sind wir, so unsere Ansicht, dem Thema schuldig.

Die unterschiedlichen Perspektiven und Zugänge der hier versammelten Beiträge zu Grenzen des Wachstums lassen eine einfache und eindeutige thematische Abgrenzung nicht zu. Die von uns getroffene Einteilung in Kapitel hätte deshalb auch anders ausfallen können. Wir haben drei übergeordnete Themenbereiche identifiziert, die eine gewisse innere Kohärenz erkennen lassen: Grenzen des Wachstums (i) im Bereich des Ökonomischen, (ii) im Bereich des Konsums, der Medien und Kommunikation und (iii) im Bereich von Gesellschaft und Demographie.

Innerhalb des ökonomischen Feldes werden zum einen die Kritik des Freihandels und Lösungsansätze einer Postwachstumsökonomie zur Diskussion gestellt, zum anderen wird der Frage nach einer adäquaten ökonomischen Bildung nachgegangen. Gernot Almesberger wirft die Frage auf: „Brauchen globale Herausforderungen ‚Handelsabkommen' wie CETA, TTIP und TiSA?". Auf die lokale politische Ebene bricht Hadwig Soyoye-Rothschädl in ihrem Beitrag „Fairhandel oder Freihandel: Anders Handeln Salzburg" die problematischen Implikationen der derzeit diskutierten Freihandelsabkommen herunter. Tobias Pürcher setzt sich mit der Kapitalismus- und Freihandelskritik kritisch auseinander und fragt „Hat jedes Wachstum Grenzen?". Den Potenzialen einer Postwachstums-ökonomie, wie sie beispielsweise Niko Paech vertritt, geht Andreas Schütz in seinem Beitrag „Für und Wider Niko Paechs Postwachstumsökonomie" nach. Maria Klieber widmet sich stattdessen dem „Libertären Paternalismus" und seinen möglichen Folgen als eine andere alternative Wirtschaftsform. Die neo-liberale Politik der Europäischen Union mit ihrem Programm für „mehr Wachstum, Beschäftigung und Wohlstand" wird von Patrick Diel auf einen kritischen Prüfstand gestellt. Georg Auernheimer plädiert in seinem Beitrag „Degrowth-Bewegung und politische Bildung" für eine an den Grenzen des Wirtschafts-wachstums deutlich ablesbare adäquate Bildung für nachhaltige Entwicklung.

Der zweite Abschnitt beginnt mit dem Beitrag von Stefanie Hürtgen, die der „marktorientierten Konsumkritik" eine kritische Analyse unterzieht. Josef Trappel hinterfragt aus medienökonomischer und medienpolitischer Perspektive das Credo einer „Grenzenlosen öffentlichen Kommunikation". Daran anknüpfend, diskutiert Thomas Steinmaurer in seinem Beitrag die „Ambivalenzen im Netz", indem er die „Risiken der Digitalisierung und die Chancen der Transformation" gegeneinander abwägt. Vor dem Hintergrund der Debatten zum Klimawandel stellt sich Michael Koch der Frage der „Medialen Repräsentation des Klima-wandels und ihrer unerwünschten Nebenwirkungen". Den Abschluss dieses Abschnitts bestreitet Herbert Widl mit der Frage der „Veränderung der Arbeits-welt und ihren Folgen".

Im abschließenden Abschnitt setzt Gabriele Spilker mit ihrem Beitrag zu „Klimabedingten Umweltveränderungen, Migration und Konflikt" die Diskus-sion zum Klimawandel fort, hier jedoch unter der Perspektive der Migration. Laura Bürzer wirft in ihrem Beitrag „Die Abschaffung der Menschheit" einen kritischen Blick auf den neuen Bericht des Club of Rome und dem darin geäu-ßerten Vorschlag einer finanziell entschädigenden Ein-Kind-Politik. Mit der Schwierigkeit nachhaltiger Wachstumspolitik in einer Welt, die der persönlichen Selbstentfaltung einen hohen Stellenwert einräumt, setzt sich Johanna Bauchin-ger auseinander. Den Abschluss bildet der Beitrag von Andreas Koch zu „Gren-zen sozialer Ungleichheit", in dem er dem Plädoyer eines „genug für alle" aus sozialräumlicher Ungleichheitsperspektive nachgeht.

Bei den mit einem ‚*' gekennzeichneten Nachnamen handelt es sich um einen studentischen Beitrag. Mit dieser Kennzeichnung möchten wir die studenti-schen Beiträge nicht abwerten, sondern ganz im Gegenteil ihren Überlegungen einen sichtbaren Ausdruck verleihen.

Einen Band in dieser Form der thematischen Auseinandersetzung mit einem aktuellen Thema zu publizieren, kann sicherlich als außergewöhnlich bezeich-net werden. Darum möchten wir zunächst allen beteiligten Autorinnen und

Autoren sehr herzlich für ihre Beiträge danken. Ein großer Dank geht ferner an den Peter Lang Verlag, der unserem Wunsch nach einer Publikation in dieser Form von Anfang an sehr wohlwollend gegenüberstand und das Vorhaben bis zum Schluss professionell unterstützt hat. Beim Vizerektorat für Lehre der Universität Salzburg möchten wir uns für die großzügige finanzielle Unterstützung bedanken, die es uns ermöglichte, eine Reihe außeruniversitärer Expertinnen und Experten für Vorträge einladen zu können. Auch gilt unser Dank der ÖH der Universität Salzburg, die die Ringvorlesung initiierte, uns währenddessen logistisch unterstützte und auch einen Druckkostenzuschuss gewährte. Jasmina Nikolic danken wir für ihre Unterstützung bei der redaktionellen Finalisierung des Bandes. Schließlich möchten wir uns beim Salzburger Stiftungs- und Förderungsverein der Universität Salzburg für die Gewährung eines großzügigen Druckkostenzuschusses herzlich bedanken.

Salzburg im August 2019

Andreas Koch
Martina Winkler

Inhaltsverzeichnis

Gernot Almesberger

Brauchen globale Herausforderungen ‚Handelsabkommen' wie CETA, TTIP & TiSA?

Abstract: Global trade agreements do not solve current economic and social inequalities. In fact, they enhance economic power and undermine democratic processes of decision making.

Keywords: legitimization, arbitral tribunal, democratic institutions

Die Welt rückt zusammen

200 Jahre zurück war unser Leben sehr anders und unser Wirtschaften ebenso. Konflikte und Raubbau waren im Vergleich zu heute lokal begrenzt und somit waren auch etwaige negative Auswirkungen meist nicht weit spürbar. Das Leben ging für die meisten Menschen dieser Welt unbeeinflusst von solchen Dingen weiter.

Zurück ins Hier und Jetzt. Heute ist unser Tun überwiegend globalisiert. Nicht nur Facebook ermöglicht uns, in die Leben anderer Menschen auf der anderen Seite der Erdkugel aus unserem Wohnzimmer hineinzusehen, sondern auch unsere Produkte kommen von immer weiter her. Das hat alles einen hohen Preis. Wenn ‚die Märkte' an der New Yorker Börse nervös sind, dann spüren wir es an den Börsen Europas und auch in Asien. Sind Schuldner in Russland nicht mehr rückzahlungsfähig, dann hat das schnell einmal Auswirkungen auf unseren Alltag und unsere Arbeit. Werden durch den aktuellen Klimawandel, religiösen Fanatismus und durch Wirtschaftsspiele der Industrieländer um Ressourcen in den Entwicklungsländer die dortigen Einheimischen ihrer Lebensgrundlage beraubt, dann landen immer mehr Menschen letztendlich bei uns. Alles hängt mittlerweile zusammen, und ein Rückzug ins persönliche Biedermeier schützt uns nicht vor den negativen Auswirkungen, die unsere Art zu wirtschaften mit sich bringt. Jetzt gebe Mensch noch eine neue Generation von sogenannten ‚Freihandelsabkommen' dazu und fertig ist eine explosive Mischung. Vielleicht ist das ein gewagter Bogen, doch von außen betrachtet werden die Zusammenhänge wohl sichtbar.

Nun aber zu den sogenannten ‚Freihandelsabkommen'

Handel hat uns seit Beginn der Zivilisation entwickelt, verbunden und informiert. Ergo ist Handel ein wichtiges Werkzeug, um die Gesellschaft gemeinsam in die Zukunft zu begleiten. Doch ist mit den aktuellen Abkommen wie CETA, TTIP, TiSA und Co. überhaupt ein sinnvoller Handel möglich? Mein Urteil ist ein klares *Nein*! Denn die bekanntgewordenen Inhalte in den diversen Abkommen sind nur von wenigen Menschen, beziehungsweise großen und finanzkräftigen Unternehmen, nutzbar. Ob es die Schiedsgerichte, die regulatorischen Kooperationsräte, oder zahlreiche Klauseln in den Verträgen sind: Alle helfen denen, die es sich leisten können. Sie fragen sich sicherlich, ob das jetzt ein wenig zu einfach gedacht ist, oder?

Leider ist es das nicht und meine Meinung basiert auf mittlerweile drei Jahren und mehr als 3000 Stunden Auseinandersetzung mit der Thematik Handelsabkommen. Schon bei der Analyse von 20 Jahren Nordamerikanisches Freihandelsabkommen (NAFTA) muss ein düsteres Bild gezeichnet werden. Wie ein Artikel von Mark Weisbrot (2014) oder der Report „NAFTA at 20", herausgegeben von der American Federation of Labor and Congress of Industrial Organization (AFL-CIO 2014), darlegen, waren Arbeitsplatzverluste an noch günstigere Billiglohnländer und teilweise eine Verringerung der Arbeits-, Sozial- und Umweltstandards die Folge. In den USA und Kanada sind in diesen 20 Jahren nicht nur viele Arbeitsplätze abgewandert, sondern auch der Stundenlohn liegt in den betroffenen Branchen niedriger als vor dem Abschluss des Handelsabkommens. Viele der hart erkämpften Standards wurden somit am Altar des sogenannten ‚freien Handels' geopfert, um das notwendige Wachstum erreichen zu können, damit die global agierenden Konzerne ihre Eigentümer befriedigen konnten und noch immer können. Diese ‚marktkonforme Demokratie', wie sie die deutsche Bundeskanzlerin Angela Merkel bezeichnet, ist dort schon Realität geworden. Wollen wir das auch in Europa? Ich denke, wir sollten mit gutem Beispiel in eine bessere Zukunft vorangehen. Das funktioniert nur mit gerechten, sozialverträglichen Handelsabkommen in einer global vernetzten Welt, die auch die ökologische Tragfähigkeit der Ökosphäre respektiert. Missachten wir einen dieser Punkte, werden wir scheitern.

Immer mehr Menschen erkennen, dass es hier nicht um Freihandel geht, sondern um eine Machtverschiebung von Staaten hin zu multinationalen Konzernen. Der Wirtschaftsnobelpreisträger Josef Stiglitz (2015) trifft den zentralen Punkt, wenn er schreibt „[d]erartige Verträge wurden früher als Freihandelsabkommen bezeichnet; tatsächlich waren es gelenkte Handelsvereinbarungen, die auf die Interessen der Konzerne vor allem in den USA und der Europäischen

Union zugeschnitten waren. Heute werden derartige Vereinbarungen häufig als Partnerschaften bezeichnet – wie etwa im Falle der Trans-Pazifischen Partnerschaft (TPP). Doch es sind keine gleichberechtigten Partnerschaften". Das zeigt sich schon daran, dass diese Abkommen weit über den Bereich Handel hinausreichen. Sie wollen Investitionen, Dienstleistungen und auch geistiges Eigentum regeln und erzwingen so den Rechts-, Justiz- und Regulierungssystemen der beteiligten Länder grundlegende Änderungen auf – und dies ohne Einfluss oder Rechenschaftspflicht demokratischer Institutionen.

Die Abnormität des Investorenschutzes

Das führt uns zum Investorenschutz, der bis dato das meiste Aufsehen erregte und von Washington über Tokyo bis Brüssel weltweit massiv kritisiert wird. Mehrere tausend Organisationen, von Gewerkschaften über NGOs bis hin zu politischen Parteien, lehnen diesen und die damit einhergehenden privaten Schiedsgerichte energisch ab. Fairness erscheint, bezogen auf diese Privatgerichte, ein Fremdwort zu sein.

Aber worum geht es bei diesen rechtlichen Bestimmungen? Die Öffentlichkeit wird im Glauben gelassen, dass Unternehmen eine Rechtssicherheit brauchen, um ihre Investitionen vor unfairen Staaten schützen können. Dass sie teilweise dadurch auch zukünftige Gewinne (legitime Erwartungen) einklagen können, ist genauso unverständlich wie mögliche Klagedrohungen bei geplanten Gesetzesänderungen. Das hat zur Folge, dass viele Gesetze entweder stark abgeschwächt oder gar nicht verabschiedet werden. Oft ist das Klagerisiko für Staaten oder Kommunen zu groß. Dass solche Fälle nicht erfunden sind, zeigen zahlreiche Beispiele rund um den Globus. Dass Österreich bis dato von solchen Klagen verschont geblieben ist, ist wohl dem Zufall geschuldet. Seit 30. Juli 2016 ist dem auch nicht mehr so. Denn die Briefkastenfirma „B.V. Belegging-Maatschappij Far East", welche den Eigentümern der Meinl-Bank gehört, zog mit einer Klage vor das Schiedsgericht der Weltbank. Der Streitwert beläuft sich auf 200 Millionen Euro. Österreich wird der Wertschädigung bezichtigt (Möchel 2015).

Die Wahrheit hinter der Einführung der Schiedsgerichte besteht jedoch darin, Gesundheits-, Umwelt-, Sicherheits- und sogar Finanzaufsichtsregeln auszuhebeln, die Europas Volkswirtschaft und ihre BürgerInnen schützen sollen. Dadurch wollen Konzerne ihre Gewinnspanne vergrößern. Die Unternehmen können die Regierungen auf vollständige Entschädigung für jede Verringerung erwarteter künftiger Gewinne verklagen, die aus aufsichtsrechtlichen Änderungen herrührt! In CETA, dem Freihandelsabkommen mit Kanada, sind eben diese Schiedsgerichte geplant. Juristisch ist nicht einwandfrei geklärt, ob die legitimen Erwartungen nicht doch auch in diesem Handelsabkommen einklagbar sein werden. Das ist purer Egoismus und hat nichts mit globalem Denken zu tun. Das oberste Gebot eines Konzerns ist eben die Gewinnmaximierung. Alles andere wird diesem untergeordnet. Das verlangen die Regeln, und die Auswirkungen sehe ich in Massenentlassungen, Absiedelungen in billigere Länder, Klagen gegen Umweltauflagen oder gegen Kollektivvertragsanhebungen. Solche Klagen passieren bereits weltweit und steigen drastisch an. Aktuell werden überwiegend die Klagen von europäischen Konzernen eingebracht und bei durchschnittlichen Kosten von acht Millionen Euro wird auch klar, dass der geplante Investorenschutz nicht den kleinen und mittelständischen Unternehmen helfen wird, mehr zu verkaufen. Auch der letzte „Vernebelungsversuch" durch die EU-Handelskommissarin Cecilia Malmström, nämlich verbesserte Schiedsgerichte namens Investment Court System (ICS) zu entwickeln und diese irgendwann als einen multilateralen und international anerkannten Handelsgerichtshof zu implementieren, stößt jetzt schon auf Widerstand der amerikanischen VerhandlerInnen. Laut den Juristen Fischer-Lescano und Horst (2014: 33ff) ist dieser Gerichtshof nicht gesetzeskonform und bleibt dadurch alleinig ein Instrument der Mächtigen. Außerdem ist das geplante ICS dem Vorgänger ISDS nicht um vieles überlegen (Eberhardt 2016).

Mangel an Demokratie

Demokratie wird im gesamten Verhandlungsprozess klein geschrieben! Sämtliche Verhandlungen verlaufen im Geheimen. Alleine deshalb sollte ein Stopp die logische Konsequenz sein. Doch die EU-Kommission und einige marktliberale Kräfte versuchen, die Abkommen unter allen Umständen durchzupeitschen. Dieses undemokratische Verhalten stellt nicht nur die Seriosität der geplanten Handelsabkommen in Frage, sondern ist mit unseren demokratischen Grundwerten nicht vereinbar. Am Ende der Verhandlungen können die politischen EntscheidungsträgerInnen die Verträge nur im Ganzen ablehnen oder befürworten, obwohl die Tragweite ihrer Wahl enorm sein wird.

Die BefürworterInnen argumentieren mit einem Mehr an Arbeitsplätzen, an Wirtschaftswachstum und an Geld. Diese Argumente wurden jedoch bereits mehrfach als Wunschtraum enttarnt. Das, was überbleibt, wird nur diversen Gruppen helfen, die demokratischen Prozesse zu umgehen und Standards in ihrem Sinne einzuführen. Es wird ein schleichender und stetiger Prozess sein, der uns am Ende entmachten wird. Dank den Medien zugespielter Informationen, Gesprächen mit Regierungsvertretern, die sich stärker den demokratischen

Prozessen verpflichtet fühlen und dank engagierter zivilgesellschaftlicher Gruppierungen, wissen wir, was wirklich passiert.

Wir müssen handeln

Wie lange können wir uns das noch gefallen lassen? Denn sind die Abkommen ratifiziert, werden die reichen Konzerne mit den diversen Bestimmungen in sogenannten Handelsverträgen uns diktieren können, wie wir in den kommenden Generationen zu leben haben. Es ist noch nicht zu spät, um eine Kehrtwende zu vollziehen. Wie aber die Strategien auszusehen haben, gehört offen und ausgiebig diskutiert. Viel mehr glaube ich an den gesunden Hausverstand als an sogenannte ExpertInnen, die sich oft als VertreterInnen für die eine oder andere Gruppe herausstellen, die letztendlich auf Kosten aller ihren Gewinn maximieren wollen und versuchen, ihre Macht auszudehnen. Wie kann nun eine Strategie für eine bessere, eine zukunftsfähigere Welt aussehen?

Vor allem braucht es einmal Zeit zur Orientierung. Es braucht die Förderung von globalem Denken, eine verstärkte globale Zusammenarbeit der Nationen, ein In-Beziehung-Gehen mit den EntscheidungsträgerInnen. Und besonders braucht es auch den Aufbau und die Ausweitung von gemeinwohlorientierten lokalen Netzwerken. Ohne diese lokalen Netzwerke werden uns das Verwurzelt-Sein und das Persönlich-Betroffen-Sein fehlen. Gemeinwohlbanken, eine Neudefinition und Neubewertung von Arbeit und ein Konsum innerhalb der Tragfähigkeitsgrenzen der Erde müssen ebenso Teil der Neuausrichtung für ein zukunftsfähiges Handeln und Wirtschaften sein. Ich finde, dass bei ,Wir gemeinsam' schon viel Nachahmenswertes stattfindet und viel Wissen für die Umsetzung in die globale Dimension eines ,guten' Handels vorhanden ist. „Von der Konkurrenz zur Kooperation" sollte ein Leitsatz sein.

Aus den hier ausgeführten Punkten ist die Antwort auf meine Eingangsfrage „Brauchen globale Herausforderungen Freihandelsabkommen CETA, TTIP & TiSA?" mit einem klaren *Nein* zu beantworten. Sie würden das bereits sehr unfaire Handels- und Wirtschaftssystem solange weiter ausbauen, bis es letztendlich kippt. Es braucht einen gerechten Handel und dazu gibt es einige sehr interessante Konzepte. Eines ist das Modell namens „Top Runner Programm", welches in Japan seit rund 14 Jahren zum Thema Energieeffizienzsteigerung angewandt wird (Futurepolicy.org 2017). Auf europäischer Ebene beschreiben dies Kapeller, et al. (2015) in ihrer Arbeit *Moralität, Wettbewerb und internationaler Handel: Eine europäische Perspektive.*

Auch im Konzept „Alternative Trade Mandate" findet man viele Ansätze zum Thema, wie ein gerechter Handel funktionieren kann. Es braucht wohl, wie in so

vielen Initiativen, Menschen, die sich für ihre Überzeugung aus ihrer Komfort-
zone herausbewegen und Abenteuern nicht abgeneigt sind. Dann ist sehr vieles möglich, viel mehr als wir üblicherweise denken. Mit der Initiativplattform
„TTIP stoppen Oberösterreich" ist uns derartiges meiner Meinung nach sehr gut
gelungen und in den ersten drei Jahren wurden unsere Erwartungen bei weitem
übertroffen. Meine Kollegen und Kolleginnen haben nicht nur an die 200 Vorträge zwischen Dortmund bis Thessaloniki gehalten, sondern wir sind auch an
Organisationen wie der Wirtschaftskammer oder der Landwirtschaftskammer
sowie an Personen wie Landtagsabgeordnete, Nationalratsabgeordnete und EU-
ParlamentarierInnen herangetreten und pflegen teilweise bis heute einen sehr
intensiven Austausch. Jetzt sind wir dabei, den Umbau zu einer Plattform zu
schaffen, die nicht gegen Etwas ihren Sinn findet, sondern die Für etwas eintritt;
einen gerechten Handel, der auch die Grenzen der Nachhaltigkeit einhält und
die Grenzen des Wachstums respektiert.

Generationenübergreifendes Handeln

Dazu braucht es diese Kooperation von Jung und Alt, sonst wird es nicht
gelingen. Wie in der Diskussion im Rahmen der „Ringvorlesung Grenzen des
Wachstums" mit Stephan Schulmeister erörtert: wenn die Alten sagen „Macht
jetzt etwas, sonst fährt das System an die Wand", dann ist das zwar informativ,
schiebt aber die alleinige Verantwortung der Jugend zu. Was die einen versäumt
haben, gilt es nun, gemeinsam zu korrigieren. Anders wird es wohl auch schwer
funktionieren. Ein anderes Verhalten wäre auch sehr unsozial. Zudem braucht es
Vorbilder. Vom Kindergarten bis zur Universität heißt es, die jungen Menschen
abzuholen und einzuladen, an dieser nachhaltigen Zukunft mitzubauen. Diese
Zukunft braucht gerechtes Handeln und es braucht uns als Vorbilder! Abschließend folgen acht Gründe gegen derartige Handelsabkommen und Argumente,
warum wir gerechtes Handeln brauchen.

Schiedsgerichte, ISDS oder ICS

Der heftig umstrittene ISDS-Mechanismus (Investor-State Dispute Settlement)
erlaubt es Investoren, Staaten vor sogenannten Schiedsgerichten auf enorme
Entschädigungszahlungen zu verklagen. Dieses Mittel haben Konzerne in der
Vergangenheit unter anderem dazu eingesetzt, Entschädigungen für staatliche
Maßnahmen einzuklagen, die etwa dem Schutz von Umwelt, von Gesundheit
oder von VerbraucherInnen dienen.

Der Reformvorschlag macht zwar die Schiedsgerichte etwas transparenter, aber alles andere bleibt gleich. Außerdem sollen laut EU-Kommission die Richtlinien für Schiedsgerichte nur in TTIP ,modernisiert' werden, aber im CETA Vertrag mit Kanada das ,alte' ISDS bleiben! Mit 29.02.2016 ist laut EU Kommission gelungen, in den CETA-Papieren ISDS in ICS zu transformieren. Das Grundproblem bleibt aber! Ausländische Konzerne erhalten weiterhin Sonderklagerechte, mit denen sie politische Maßnahmen außerhalb des nationalen Rechts anfechten können. Hinzu kommt, dass den Konzernen auch weiterhin keinerlei Pflichten auferlegt werden (PowerShift e.V. 2015).

Regulatorische Kooperation

De facto zielt die regulatorische Kooperation auf eine weitreichende politische Selbstentmachtung der Parlamente zugunsten von Konzernen und Banken. Deren Einfluss, beispielsweise in Bereichen wie Verbraucherschutz, Umweltschutz, Arbeitsstandards oder Finanzmarktregulierung, würde stark erweitert. Gesetzesvorhaben würden einem demokratisch nicht legitimierten ,Regulierungsrat' vorgelegt, bevor sie überhaupt in die nationalen Parlamente gelangen (Attac Deutschland ohne Jahr).

Kulturelle Ausnahme in TTIP

Kunst und Kultur entziehen sich nicht nur generell einer allgemeingültigen Definition, sie entziehen sich auch allen gebräuchlichen Definitionsrichtlinien, nach denen Handelsabkommen wie das TTIP organisiert sind. Welche Teile des Kunst- und Kultursektors nach Unterzeichnung von TTIP, TISA und CETA noch kulturpolitischen Handlungsspielräumen unterliegen und welche nur noch nach ökonomischen Kriterien des Marktes bestimmt werden, ist aus heutiger Sicht nicht absehbar. Eindeutig ist jedoch, dass genau darüber dann nicht mehr die Politik entscheidet, sondern die InvestorInnen – im Zweifelsfall werden zukünftige Konflikte innerhalb private Investitionsschutz-Verfahren (ISDS) behandelt (Dachverband Salzburger Kulturstättten 2016).

TTIP – Widerspruch zu Menschenrechten

Bereits seit Juli 2013 laufen die Verhandlungen zur „Transatlantischen Handels- und Investitionspartnerschaft" (TTIP) zwischen den USA und der Europäischen Kommission. Der Ausgang dieser Verhandlungen wird sich weitreichend auf die weitere Entwicklung des Welthandels und auch auf die Länder des Globalen Südens auswirken. TTIP ist damit ein weiterer, umfassender Versuch, staatliche

Pflichten zur Durchsetzung der Menschenrechte zu untergraben, Konzerne über notwendige Regeln und Regulierungen zu stellen und den politischen Spielraum für sozial gerechte und menschenrechtsbasierte Politik einzugrenzen. TTIP ist trotz des neuen US-Präsidenten Donald Trump nicht tot. Die Gefahr, welche von diesem Abkommen ausgeht, wird erst überwunden sein, wenn die EU-Kommission offiziell das Scheitern dieses Abkommens zwischen Europa und den Vereinigten Staaten von Amerika verkünden würde (Attac Österreich 2016c).

TTIP, CETA, TiSA – eine Gefahr für ArbeitnehmerInnen

Freihandelsabkommen dienen in erster Linie den Interessen großer Unternehmen. Deren Ziel ist es, ,Handelshemmnisse' abzubauen. Unter dem Deckmantel des deregulierten Handels werden positive Wirtschaftswachstums- und Beschäftigungseffekte versprochen. Verschwiegen wird dabei, dass nationale Regulierungen zum Schutz von ArbeitnehmerInnen und für sozialstaatliche Absicherungen unverzichtbar sind. Ohne diese Regelungen sind sozial- und kollektivvertragliche Mindeststandards gefährdet und bedeuten den Abbau von Sozialrechten. Eine künftige europäische Sozialunion wird damit verhindert (Attac Österreich 2016a).

TTIP, CETA und TiSA – eine Gefahr für öffentliche Dienstleistungen

Öffentliche Dienstleistungen wie Bildung, Gesundheit, Verkehr und Wasser sind grundsätzlich Gegenstand der Handelsgespräche, insbesondere bei TiSA, dem Abkommen über den Handel mit Dienstleistungen. Ein exklusiver Club, bestehend aus den USA, der EU und 21 weiteren Industriestaaten sowie einigen Schwellenländern, treffen sich regelmäßig in Genf, um den Stillstand der Verhandlungen zum GATS-Abkommen, dem Vorgänger von TiSA, zu beenden. Doch öffentliche Dienstleistungen sind keine Waren, die frei gehandelt und damit privaten Geschäftemachern und Geschäftemacherinnen ausgeliefert werden dürfen. Handelsabkommen, die das wollen, müssen verhindert werden (Attac Österreich 2016b).

TTIP & CETA zerstören die bäuerliche Landwirtschaft

Hormonfleisch und Gentechnik sind die prominentesten Beispiele für die Gefahren, die von TTIP, CETA und ähnlichen Abkommen im Bereich der Lebensmittelproduktion ausgehen. Während die agrarischen InteressensvertreterInnen

nicht müde werden, zu betonen, dass derart unappetitliche Produkte keines-
falls konsumiert werden sollten, stellen US-amerikanische und europäische
Agrar(chemie)konzerne beiderseits des Atlantiks sich als gewillte Verhandlungs-
parteien dar (Attac Österreich 2016d).

Auswirkungen auf kleine- und mittlere Unternehmen (KMU)

„Von den mehr als 313.000 österreichischen KMU exportieren derzeit weniger
als ein Prozent der KMU in die USA. Auch in der EU liegt der Anteil mit 155.000
von rund 20,7 Millionen KMU unter einem Prozent. (AFL-CIO 2014) „Selbst
wenn durch TTIP – wie in den optimistischsten Prognosen – der Handelsum-
satz um 0,05 Prozent steigt, würden davon nur 28 Prozent auf KMU entfallen.
Der KMU-Sektor hätte also Zuwächse von 0,0014 Prozent zu erwarten. Angesichts dieser Zahlen und der vielfältigen Risiken des Abkommens wird klar: EU-
und US-Konzerne sind die wahren Gewinner von TTIP", erklärt der Ökonom
und Studienmitautor Simon Theurl. Bereits jetzt entfällt der Löwenanteil des
Exportgeschäfts mit den USA (72 Prozent) auf derzeit rund 20.000 Großkonzerne, obwohl sie nur 12 Prozent der in die USA exportierenden Unternehmen
repräsentieren" (Attac Österreich 2015).

Da Handelsabkommen die Aufgabe haben, Handelsbarrieren abzubauen, um
alle marktteilnehmenden Unternehmen gleich zu stellen, ist klar, dass das massiven Druck auf die KMUs in ganz Europa ausüben wird. Man stelle sich vor,
ein Lebensmittelriese wie die amerikanische Kette Walmart bekommt gleiche
Zugangsbedingungen zum europäischen Markt wie ein österreichischer Fami-
lienbetrieb. Zusätzlich bekommt Walmart auch noch den Vorteil zuerkannt,
seine Arbeitsstandards aus den USA nach Europa ‚mitzunehmen'. Dass dieses
Ungleichgewicht nicht lange für den kleineren Bewerber am Markt gut gehen
kann, liegt auf der Hand. Damit auch nicht die öffentliche Hand dem unter
Druck geratenen Unternehmen mit Aufträgen unter die Arme greifen kann, gilt
auch eine transatlantische Ausschreibeverpflichtung, die je nach Bereich in der
Vergaberichtlinie ab € 228.000.- gemacht werden muss. Zusätzlich gilt bei diesen
Ausschreibungen das Billigstbieterprinzip! Das System aktueller Freihandels-
abkommen ist somit perfekt für Großunternehmen gebaut. Die KMUs, die die
meisten Arbeitsplätze anbieten, mehr Wertschöpfung und Steuern im eigenen
Land lassen, haben somit mittel- bis langfristig gegen die globalen Player keine
Chance.

Die kommenden Wochen, Monate und Jahre werden spannend. Zuerst wird
es die Abstimmung zur vorzeitigen Anwendung von CETA im EU Parlament
geben. Dann werden in den kommenden Jahren alle EU-Staaten auf ihre Weise

über Details wie die Schiedsgerichte abzustimmen haben. Die Zivilbevölke-
rung spielt meines Erachtens nicht die Rolle, die ihr zusteht, und braucht noch
einiges an Motivation und Mut, sich gegen die selbstzerstörerischen Mechanismen des Freihandels, der Umverteilung von Geld von unten nach oben und der
Machtagglomeration zu wenigen Menschen hin erwehren zu können. Das am
30. Jänner 2017 zu Ende gegangene österreichische Volksbegehren mit 562552
Unterschriften ist aber ein gutes Zeichen dafür, dass die Bevölkerung mobilisiert
wird. Denn die globalen Herausforderungen meistern wir nur abseits von CETA,
TTIP und TiSA!

Literatur

AFL-CIO (Hrsg.) (2014): 'NAFTA at 20'. Washington D.C.: AFL-CIO.

Attac Deutschland (Hrsg.) (ohne Jahr): ‚Reguolatorische Kooperation bei TTIP'.
<http://www.attac.de/kampagnen/freihandelsfalle-ttip/hintergrund/was-ist-
regulatorische-kooperation/> Zugriff 31.01.2017.

Attac Österreich (Hrsg.) (2015): ‚TTIP stoppen. Transatlantische Partnerschfat
sieht anders aus. Neue TTIP-Studie: Mehr Risiken als Chancen für kleine und
mittlere Unternehmen'. <https://www.ttip-stoppen.at/2015/06/19/neue-ttip-
studie-mehr-risiken-als-chancen-fuer-kleine-und-mittlere-unternehmen/>
Zugriff 31.01.2017.

Attac Österreich (Hrsg.) (2016a): ‚TTIP stoppen. Transatlantische Parnterschaft
sieht anders aus. 2. TTIP, CETA, TiSA – eine Gefahr für ArbeitnehmerInnen'.
<https://www.ttip-stoppen.at/2016/10/08/ttip-ceta-tisa-eine-gefahr-fuer-ar-
beitnehmerinnen-2/> Zugriff 31.01.2017.

Attac Österreich (Hrsg.) (2016b): ‚TTIP stoppen. Transatlantische Partnerschaft
sieht anders aus. 4. TTIP CETA TiSA – Gefahr für öffentliche Dienstleistungen'.
<https://www.ttip-stoppen.at/2016/10/06/ttip-ceta-und-tisa-eine-gefahr-fu-
er-oeffentliche-dienstleistungen-2/> Zugriff 31.01.2017.

Attac Österreich (Hrsg.) (2016c): ‚TTIP stoppen. Transatlantische Partnerschaft
sieht anders aus. 9. Menschnerechte sind unverhandelbar'. <https://www.
ttip-stoppen.at/2016/10/01/menschenrechte-sind-unverhandelbar/> Zugriff
31.01.2017.

Attac Österreich (Hrsg.) (2016d): ‚TTIP stoppen. Transatlantische Partnerschaft
sieht anders aus. 3. TTIP und Co zerstören die bäuerliche Landwirtschaft'.
<https://www.ttip-stoppen.at/2016/10/07/ttip-und-co-zerstoeren-die-baeu-
erliche-landwirtschaft-2/> Zugriff 31.01.2017.

Dachverband Salzburger Kulturstättten (Hrsg.) (2016): ‚Schluss mit den Handelsabkommen CETA und TTIP!' <http://www.kultur.or.at/News/CETA_stop-
pen/> Zugriff 31.01.2017.

Eberhardt, P. (2016): ‚The zombie ISDS. Rebranded as ICS, rights for corporations to sue states refuse to die‘: Corporate Europe Observatory‘. <https://corpora-teeurope.org/international-trade/2016/02/zombie-isds> Zugriff 31.01.2017.

Fischer-Lescano, A. und Horst, J. (2014): ‚Europa- und verfassungsrechtliche Vorgaben für das Comprehensive Economic and Trade Agreement der EU und Kanada (CETA). Juristisches Kurzgutachten im Auftrag von attac/München‘. Bremen: Zentrum für europäische Rechtspolitik (ZERP), Fachbereich Rechtswissenschaft, Universität Bremen.

Futurepolicy.org (Hrsg.) (2017): ʽJapan's Top Runner Programme. Futurepolicy. org‘. <http://www.futurepolicy.org/ecologically-intelligent-design/japans-top-runner-programme/> Zugriff 31.01.2017.

Kapeller, J., Schütz, B. und Tamesberger, D. (2015): ‚Moralität, Wettbewerb und internationaler Handel: Eine europäische Perspektive‘. In: H. Seckauer; C. Stelzer-Orthofer und B. Keppplinger (Hrsg.): Das Vorgefundene und das Mögliche – Festschrift für Josef Weidenholzer. Wien: Mandelbaum. S. 213–227.

Möchel, E. (2015): ‚Klagen auf Investorenschutz eskalieren‘: FM4. ORF.at‘. <http://fm4v3.orf.at/stories/1761685/> Zugriff 31.01.2017.

PowerShift e.V. (Hrsg.) (2015): ‚Investitionsschutz in TTIP: Kommission verweigert Systemwechsel – Halbherzige Reformen sollen massive Ausweitung des weltweiten Investitionsschutzes rechtfertigen‘. <https://power-shift.de/isds-reformvorschlag-gemeinsame-analyse-von-powershift-campact-und-ttipunfairhandelbar/> Zugriff 31.01.2017.

Stiglitz, J. E. (2015): ‚Geheime Machtübernahme durch die Konzeren‘: Project Syndicate‘. The world's opinion page. <https://www.project-syndicate.org/commentary/us-secret-corporate-takeover-by-joseph-e--stiglitz-2015-05/german?barrier=accessreg> Zugriff 31.01.2017.

Weisbrot, M. (2014): ʽNAFTA: 20 years of regret for Mexico‘: The Guardian‘. <https://www.theguardian.com/commentisfree/2014/jan/04/nafta-20-years-mexico-regret> Zugriff 31.01.2017.

Hadwig Soyoye-Rothschädl

Fairhandel oder Freihandel: Anders Handeln Salzburg

Abstract: Global trade agreements haven't fulfilled what they promised in the past, and it is supposed that they will fail in the future as well.

Keywords: history of free trade, labor market, environmental standards

Die Ursprünge des Handels

Europaweit und transatlantisch setzen sich hunderttausende Menschen für geordnete Märkte und gerechten Handel ein. Warum tun sie das und was kann man gegen ‚freien‘ Handel haben? Dazu stellt sich die Frage, warum wird und wie wurde überhaupt gehandelt? Vereinfacht könnte man sagen: Du hast etwas, was ich nicht habe aber brauche, und ich habe etwas, was du nicht hast aber brauchst und deshalb tauschen wir.

Ursprünglich haben Menschen die für sie lebensnotwendigen Güter wie z.b. Nahrung, Bekleidung oder Behausungen größtenteils selbst hergestellt. Mit dem Ackerbau und der Entwicklung vom Nomadismus hin zur Sesshaftigkeit vor ca. 12.000 Jahren setzte auch eine Spezialisierung bzw. die Herausbildung verschiedener Berufe ein. Aber erst mit der Metallgewinnung und Verarbeitung vor ca. 7.000 Jahren begann ein sich verstärkender Handel. Der Rohstoffabbau und der Handel ließen auch erste privilegierte, einflussreiche Schichten entstehen. Wasserwege und befestigte Straßen waren Voraussetzungen dafür, Güter in weit entfernte Regionen zu transportieren. Besonders wichtig waren daher Zugänge zu Häfen und nautisches Wissen, aber auch das Vorhandensein von sicheren Landverbindungen, wie sie beispielsweise die Römer in ihrem Reich als dichtes Straßennetz unterhielten. Über Jahrhunderte und Jahrtausende wurden also Güter gehandelt, die es im jeweils anderen Land mangels vorhandener Rohstoffe oder mangels notwendigen Wissens zur Herstellung nicht gab: Werkzeuge, Salz, Gewürze, Stoffe, Edelmetalle. Sie alle prägten und prägen über weite Epochen den Handel. Aufgrund des Interesses am Handel dieser Güter brauchte es auch keine besonderen Import- und Exportregelungen.

Eine entscheidende Wendung nahm die Ausrichtung der Handelspolitik, als sich Länder nicht mehr mit der Verarbeitung ihrer eigenen Ressourcen und dem Handel der damit erzeugten Produkte begnügten, sondern begannen, rohstoffreiche Länder zu erobern, zu besetzen und zu kolonialisieren. Einerseits entzogen sie den kolonialisierten Ländern ihre Rohstoffe, andererseits untersagten sie ihnen die Produktion und den Export von veredelten Produkten. Gleichzeitig wurden sie gezwungen, die aus Rohstoffen ihrer oder anderer Kolonien hergestellten Produkte zu importieren. Da alle ‚großen' Seefahrernationen, wie unter anderem England, Frankreich, die Niederlande, Spanien, Portugal oder Italien, die gleiche Strategie anwandten, entstand eine große Konkurrenz um Seewege, Häfen, Kolonien und Absatzmärkte für die aus billigen Rohstoffen hergestellten Produkte.

Die Entstehung des Freihandels

Heute wie damals wurden Fakten zuallererst militärisch geschaffen. Das nächste Mittel war es, billiger und besser zu produzieren als der Konkurrenzstaat und – nach damaliger merkantilistischer Auffassung (16. bis 18. Jahrhundert) – mehr zu exportieren als zu importieren. Durch den Goldzufluss wollte man den (hof-) staatlichen Reichtum erhöhen bzw. auch die Voraussetzung für die Bezahlung von Verwaltung und Militär schaffen. Dazu wurden Exporte von Gütern gefördert, Importe von Fertiggütern jedoch mit Zoll belegt. Gewünschte Rohstoffe waren von Zöllen weitestgehend befreit. Nur langsam setzte sich die Erkenntnis durch, dass nicht alle Staaten gleichzeitig mehr exportieren können als importieren. Zudem führten die Importbeschränkungen des einen Landes auch zu einer Importbeschränkung durch das andere Land.

Um billiger zu produzieren, sprich weniger Löhne zahlen zu müssen, wurde die Mechanisierung und Industrialisierung vorangetrieben. Wer am billigsten produzieren konnte, erreichte aufgrund von billigen Rohstoffen aus den Kolonien, Sklavenarbeit, niedrigen Löhnen, mechanisierter Produktion, hohen Stückzahlen und entsprechend kolonial gesicherten Exportmärkten (siehe oben) eine Monopolstellung auf dem Markt. Und erst jetzt setzten sich langsam Ideen des sogenannten Freihandels durch: Denn der Monopolist hatte natürlich ein Interesse daran, eine Marktöffnung vertraglich auszuhandeln (oder militärisch durchzusetzen), weil er von Absatz- bzw. Gewinnzuwächsen ausgehen konnte.

So öffnete – oder opferte – England 1846 seine Märkte für Getreideimporte, was u.a. zur Folge hatte, dass England von einer ursprünglich 98-prozentigen Selbstversorgung bei Getreide innerhalb von 50 Jahren auf 35 Prozent fiel (Wikipedia 2017a). Warum? Weil die Industrie billige Nahrungsmittel brauchte, um niedrige Löhne zahlen zu können, die ihnen auf internationalen Märkten ‚Wettbewerbs' vorteile brachten. England und Frankreich schlossen 1860 den sogenannten Cobden-Chevalier-Vertrag, welcher als einer der ersten

Freihandelsverträge gilt. Es waren insbesondere die USA und England, die anderen Ländern ‚Frei' handel aufzwangen: In zwei Opiumkriegen zwischen 1839 und 1860 zwang England China zur Öffnung seiner Märkte für indisches Opium und die USA erzwangen 1853 militärisch die Öffnung japanischer Häfen (Wikipedia 2017b). Ca. 20 Jahre nach dem Cobden-Chevalier-Vertrag und einem großen Börsencrash, entfernten sich die Staaten vom Freihandel. Eine Ursache war unter anderem auch die massive Überschwemmung des Marktes mit billigem Getreide aus den USA und Russland.

Freihandel der jüngeren Geschichte

Nach dem Ersten Weltkrieg, der völlig neue Grenzen und Wirtschaftsräume schuf und alte Wirtschaftsbeziehungen unterbrach, und den Zerstörungen des Zweiten Weltkriegs war es ideologisch nicht schwer, grundlegende Handelsabkommen wie 1948 *„Das Allgemeine Zoll- und Handelsabkommen"* *(GATT)* mit ursprünglich 23 Staaten zu schließen (BMZ 2017), das darauf abzielt (es ist noch modifiziert in Kraft!), tarifäre Handelshemmnisse wie Zölle und nicht tarifäre Handelshemmnisse (Gablers Wirtschaftslexikon 2017) abzubauen. Unter „nichttarifären Handelshemmnissen" ist dabei alles Handelshemmende zu verstehen, das nicht durch Tarifbestimmungen verursacht wird, wie beispielsweise auch Qualitätsanforderungen an Produkte, Sicherheitsvorschriften, Umweltstandards, Import-Kontingentierung oder die Bevorzugung regionaler Anbieter (Europäisches Parlament 2017).

Der Welthandel nahm schwungvoll zu, auch wegen des Wiederaufbaus der alten Kolonialbeziehungen und dem resultierenden billigen Zugang zu Erdöl. Binnenmärkte und Freihandel wurden zum unwidersprochenen, ideologisch-wirtschaftspolitischen Fundament der wachstumsgetriebenen Wirtschaft. Der Wegfall von landwirtschaftlichen Arbeitsplätzen, die Verlagerung von produzierenden Arbeitsplätzen in billigere Drittländer, die ständige Zentralisierung von Siedlungsgebieten und die Ausdünnung des ländlichen Raums werden als notwendiger ‚Strukturwandel' betrachtet.

Was ideologisch schon von David Ricardo im 18. Jahrhundert postuliert wurde – nämlich dass es doch sinnvoll wäre, Länder würden nur das produzieren, was sie günstiger oder effizienter als andere Länder produzieren könnten (Seiser und Mader 2017) – hatte sich jetzt in Form globalisierter Produktion und Märkte entfaltet. Bei all den Überlegungen der Freihandelsvordenker spielten die durch die Spezialisierung und internationale Arbeitsteilung entstandenen langen Wege und Verkehrsströme absolut keine Rolle. Und heute? In Zeiten des Klimawandels rücken die Kilometer und daher die CO_2-Belastung, die ein

Produkt verursacht, selbstverständlich in den Fokus. Umso mehr, als bis heute die Kosten für den Transport von Gütern zu einem überwiegenden Teil sozialisiert sind und somit von der Allgemeinheit getragen werden. Aus diesem Grund stehen auch Produkte des täglichen Lebens, die im Grunde in jeder Region selbst produziert werden können, in Konkurrenz mit Produkten, die tausende Kilometer weit weg hergestellt wurden.

Auch Menschenrechte spielen bei den wirtschaftstheoretischen Überlegungen zu den Vorteilen des ‚Frei' handels keine Rolle. Denn billigere Preise entstehen natürlich auch primär durch niedrigere Löhne. Eindringliches Beispiel ist die Gemüse- und Obstproduktion in Spanien und Italien durch schlecht bezahlte, versklavte und rechtlose Menschen (Gétaz 2015), die den europäischen Markt überschwemmen und lokale Produktion äußerst unattraktiv machen. Um nur ein Beispiel zu nennen: Spanien und Italien erzeugten 2016 63 Prozent der europäischen Tomaten (derStandard.at 2016). Mehr als ein Drittel der Saisonarbeiter, 500 000 Personen oder mehr laut offiziellen Schätzungen, sind illegal und zu Löhnen beschäftigt, die weit unter den Tarifen liegen. Auf Sizilien arbeiten sogar die Bootsflüchtlinge illegal zu Minimallöhnen (Kreiner 2015).

Freihandel schafft Arbeitsplätze?

Mit der intensiven öffentlichen Diskussion über die Freihandelsabkommen wie TTIP (mit den USA), CETA (mit Kanada) oder TiSA (Privatisierung von öffentlichen Dienstleistungen der 23 Partner einschließlich USA und EU) sind nun die Kernelemente solcher Verträge und ihre wirtschaftspolitischen Versprechen in den Brennpunkt des zivilgesellschaftlichen Interesses gerückt. Von den Freihandelsbefürwortern wird als schlagkräftigstes Argument „Freihandel schafft Arbeitsplätze" vorgebracht. Und doch hat alleine der europäische Binnenmarkt, der nichts anderes als eine große Freihandelszone ist, eine Arbeitslosenquote unter Jugendlichen von durchschnittlich 21 Prozent, in von der Finanzkrise betroffenen Ländern liegt sie sogar noch deutlich höher – wie in Spanien (41,5 Prozent) oder in Italien (35,2 Prozent) (Specht 2017). Handelsabkommen scheinen dabei keine Garanten für Besserung zu sein. Die Jugendarbeitslosigkeit ist derartig hoch, obwohl in der EU ca. 30 Handelsabkommen mit über 60 Ländern in Kraft sind oder vorläufig angewendet werden (neun Abkommen mit 35 Ländern stehen kurz vor der Anwendung, 14 Abkommen mit ca. 55 Ländern werden neu verhandelt) (WKO 2017).

Und auch bei NAFTA (Freihandelsabkommen zwischen den USA, Mexiko und Kanada, abgeschlossen 1994) wurde mit denselben Argumenten geworben. Die Bilanz nach über 20 Jahren fällt ernüchternd aus: So beurteilt Celeste

Drake, Handelsexpertin im amerikanischen Gewerkschaftsbund AFL-CIO NAFTA: „Die Gewerkschaften sind in allen drei Ländern schwächer geworden. Die soziale Ungleichheit ist in allen drei Ländern gestiegen. Mehrere Millionen mexikanische Bauern und Bäuerinnen gaben die Landwirtschaft auf, weil sie gegen subventionierte US-Agrarexporte keine Chance hatten. Viele von ihnen sind in die USA ausgewandert, wo sie keinen Aufenthaltsstatus haben. Die Betriebe, in denen sie Arbeit finden, nutzen ihre Angst vor einer Abschiebung aus. Sie zahlen ihnen weniger als den Mindestlohn und brechen die Arbeitsschutzgesetze. Dadurch sinken auch die Löhne und die Qualität von Arbeitsplätzen für andere ArbeitnehmerInnen" (Umweltinstitut München, 2017).

Auch damals verkündete der US-amerikanische Präsident Bill Clinton: „NAFTA bedeutet Jobs, gutbezahlte Jobs in Amerika. Wenn ich nicht davon überzeugt wäre, hätte ich das Abkommen nicht unterstützt". Tatsächlich haben die USA bis zu 1 Mio. Arbeitsplätze verloren (Economic Policy Institute 2006), das Lohnniveau bewegt sich heute auf dem Niveau von 1979 (Public Citizen's Global Trade Watch 2014). Mexiko verlor in den vergangenen 20 Jahren netto 1,9 Mio. Arbeitsplätze in der Landwirtschaft (Weisbrot et al., 2014). Fast die Hälfte der 120 Mio. Einwohner lebt in Mexiko in Armut (Bickel 2016). Die USA beschäftigen 49.000 Beamte zur Grenzsicherung (American Immigration Council 2017) zwischen Mexiko und den USA, um die massiven Fluchtbewegungen unter ‚Kontrolle' zu bringen.

Jeff Faux vom *Economic Policy Institute* in Washington fasst das 20-jährige Erbe von NAFTA zusammen: „**Dieses Handelssystem hat die versprochenen Vorteile nicht gebracht, weil es gar nicht dafür konzipiert war.** Die Vereinbarungen haben die Interessen der amerikanischen Arbeiter wegverhandelt zugunsten amerikanischer Unternehmen, die für den US-Markt produzieren wollen in Ländern, in denen die Arbeit billig ist, Umwelt- und gesundheitsrechtliche Regulierungen schwach und Regierungen käuflich sind. NAFTAs **Hauptanliegen war es nicht, den Handel zu befreien, sondern multinationale Konzerne von öffentlichen Verpflichtungen in den USA, in Mexiko und in Kanada und letztendlich auf der ganzen Welt zu befreien**" (TTIP Stoppen Salzburg 2015).

Im Lichte der Erfahrung mit dem NAFTA-Abkommen kann man nun auch die Aussagen offizieller Stellen in der EU interpretieren: Die EU Kommission hat das CEPR, das Center for Economic Policy Research London, mit einer Studie zu TTIP beauftragt (Francois et al. 2013): Dieses prognostiziert ein BIP-Wachstum von 0,48 Prozent (USA 0,39 Prozent) bis 2027: jährlich also 0,048 Prozent. Dabei handelt es sich bereits um ein ambitioniertes Szenario. Das weniger ambitionierte Szenario spricht von einem Zuwachs von 0,27 Prozent in zehn Jahren. In der Studie wurden jedoch keine Aussagen zu Beschäftigungsgewinnen gemacht. Die EU-Handelskommission spricht auf Rückfrage von einer „Groben Hochrechnung und Schätzung". Sie geht von zusätzlichen 15.000 Arbeitsplätzen pro einer Milliarde Umsatzplus aus. Weiter spricht die CEPR-Studie von zu erwartenden Arbeitsplatzverlagerungen in Höhe von 0,7 Prozent. Die den Staaten hierdurch entstehenden Folgekosten für Umschulungen und Arbeitslosigkeit wurden dabei nicht kalkuliert.

Das ifo Institut (2017) in München prognostiziert 4,7 Prozent in zehn Jahren, 0,47 Prozent jährlich, also den zehnfachen Wert, was wiederum die Prognosesicherheit sehr in Frage stellt. Für Deutschland würden das 45.000 bis 181.000 zusätzliche Arbeitsplätze ‚langfristig' bringen; interpoliert für Österreich 10 Prozent davon, also 4.500 bis 18.100 neue Arbeitsplätze. In diesem Sinn ist daher auch die Aussage von ifo-Forscher Gabriel Felbermayr zu verstehen, der zu TTIP einräumt: „Das ist kein Jobwunder" (sueddeutsche.de 2014). Eine österreichische Studie der ÖFSE (Österreichische Forschungsstiftung für internationale Entwicklung) prognostiziert sogar, dass zwischen 430.000 und 1,1 Millionen Menschen vorübergehend freigesetzt und damit weniger verdienen würden. Ältere und weniger Qualifizierte würden länger arbeitslos bleiben. Die damit verbundenen Kosten werden für zusätzliche AMS-Maßnahmen mit fünf bis 14 Milliarden und einhergehend mit vier bis zehn Milliarden für Steuer- und Sozialversicherungsausfälle angegeben (Raza et al. 2014). Forscher an der Tufts University prognostizieren bis 2025 einen Verlust von 600.000 Arbeitsplätzen in der EU und in Folge davon eine geringere Kaufkraft in Folge einer Schwächung des EU-Binnenmarkts (Capaldo 2014).

Also Arbeitsplätze: Das war das schlagkräftigste Argument der Befürworter? Prognostizierte und statistisch zu vernachlässigende Zuwächse bis zu massiven Verlusten – und auf dieser Basis sollen die souveränen wirtschaftspolitischen Rechte ganzer Staaten fundamental beschnitten werden? Denn bei den Freihandelsabkommen heutigen Zuschnitts werden nicht mehr lediglich Zollsenkungen verhandelt, sondern auch grundlegende Möglichkeiten der Gesetzgebung über Investorenschutzregeln völlig ausgehebelt. Damit werden aber die Grundlagen unsere europäischen Demokratien untergraben (s. dazu den Beitrag von Gernot Almesberger).

Fazit

Eigentlich müsste man daher schon jetzt sagen, Finger weg von solchen Abkommen! Die Liste der Nachteile solcher Abkommen ist lang und wurde auch medial breit diskutiert, drei Dinge wurden selten beleuchtet: Erstens, die negativen

Folgen derartiger Abkommen entfalten ihre volle Wirkung in Zeiträumen von zehn bis 20 Jahren, daher außerhalb normaler Laufbahnen von PolitikerInnen. Was jemand heute unterzeichnet, muss er/sie aller Voraussicht nach nicht politisch verantworten (siehe z.b. Bill Clinton in den USA). Aber die gesetzlichen Änderungen sind so tiefgreifend, dass sie auf parlamentarischem, repräsentativem Wege kaum umkehrbar sind. Zweitens, was auch bei allen Wachstumsphantasien nicht berücksichtigt wird, ist, dass es in ungeordneten Märkten (wie sie durch Freihandelsabkommen entstehen) immer Gewinner und Verlierer auf beiden Seiten gibt. Hat die deutsche Automobil- und Maschinenproduktion ein massives Interesse, in die USA oder nach Kanada zu exportieren, so muss auch im Gegenzug den USA oder Kanada der Markt für landwirtschaftliche Produkte geöffnet werden. Auf beiden Seiten gewinnen die Konzerne und verlieren die Klein- und Mittelbetriebe. Drittens – und das ist das absolut ausschlaggebende Argument gegen derartige Deregulierungs- oder Konzernprivilegierungsabkommen: Wettbewerb kann man in ähnlich produktiven Volkswirtschaften *nur* gewinnen, wenn man billiger produziert, was zwangsläufig nur mit niedrigeren Lohn-, Umwelt- und Sozialstandards möglich ist. Wie tief ist tief genug? Wollen wir das? Ist ‚Freihandel‘ alternativlos?

Natürlich nicht: Handel und Wirtschaft sollen – wie eingangs erwähnt – den Bedarf nach benötigten Gütern decken. Dieser Bedarf ist in den meisten Fällen durchaus mit lokalen Ressourcen zu decken. Das Gespenst des Protektionismus und der Kleinstaaterei wird in Kombination mit Rassismus von den Wirtschaftseliten an die Wand geworfen, da sich auch rechte Parteien gegen Freihandel stark machen. Und doch bleiben Zölle, Import- und Exportkontingentierungen das seit Jahrhunderten eingesetzte Mittel, um Volkswirtschaften zu steuern, bzw. eine innerstaatliche Weiterentwicklung von Standards zu ermöglichen.

Dass dem so ist, beweisen die führenden Freihandelsnationen, wenn sie die Interessen starker Lobbys schützen und sehr wohl hohe Zölle einsetzen. Um ein Beispiel aus dem Jahr 2017 zu nennen: Hochdauerfester Betonstabstahl wird bei der Einfuhr in die USA mit 133 bis 265 Prozent belegt, chinesischer Stahl bei der Einfuhr in die EU mit 120 bis 127 Prozent (derStandard.at 2017). Oder auch historisch: Im 19. Jahrhundert schützte beispielsweise der Deutsche Zollverein den Eisenbahnbau vor den technisch weit überlegenen britischen Lokomotivenherstellern mit hohen Zöllen, wodurch erst deutsche Industrialisierung erfolgreich ermöglicht wurde.

Eine Wirtschaft der kurzen Wege, wie sie auch von PostwachstumsökonomInnen gefordert wird, nutzt lokale Ressourcen, verarbeitet sie in nächster Nähe, schafft damit auch vielfältige Erwerbsmöglichkeiten vor Ort und das unter nachhaltiger Nutzung der Umwelt und Ressourcen zur Bewahrung der Möglichkeiten für nachfolgende Generationen. Dafür braucht es gerechte Spielregeln in Form von demokratischen Gesetzen, die einen geordneten Markt schaffen, der allen offen steht und Konzerne nicht privilegiert bzw. Globalisierung fördert.

Die Folgen des durch Freihandelsabkommen angetriebenen, globalisierten Turbokapitalismus für Menschen, Umwelt und Demokratie sind offensichtlich und jetzt schon Realität. Deshalb ist es jetzt absolut notwendig, neue visionäre Wege zu gehen: Die konsequente Dekonstruktion der Freihandelsideologie in den letzten drei Jahren war ein erster Schritt. Nun müssen für die gewonnenen Erkenntnisse auch demokratische, politische und zivilgesellschaftliche Mehrheiten gefunden werden. Denn am Ende braucht es neue Gesetze, die neue Rahmenbedingungen für eine neue Wirtschaftspolitik vorgeben.

Literatur

American Immigration Council (2017): 'The Cost of Immigration Enforcement and Border Security'.<https://www.americanimmigrationcouncil.org/research/the-cost-of-immigration-enforcement-and-border-security> Zugriff 28.12.2017.

Bickel, U. (2016): ,Mindestlöhne in Mexiko weiterhin unter der Armutsgrenze'. <https://amerika21.de/2016/10/162262/mexiko-armut-mindestlohn-cepal> Zugriff 28.12.2017.

BMZ (Hrsg.) (2017): ,Das Allgemeine Zoll- und Handelsabkommen (GATT)'. <https://www.bmz.de/de/themen/welthandel/welthandelssystem/gatt/index.html> Zugriff 22.04.2017.

Capaldo, J. (2014): 'The Trans-Atlantic Trade and Investment Partnership: European Disintegration, Unemployment and Instability'. Global Development and Environment Institute Working Paper 14 (3), S. 1–28.

derStandard.at (2016): ,Obst und Gemüse in EU kommen vor allem aus Spanien, Italien und Polen'.< http://derstandard.at/2000039553898/Obst-und-Gemuese-in-EU-kommt-vor-allem-aus-Spanien>. Zugriff 22.04.2017.

derStandard.at (2017): ,EU fixiert Strafzölle für Stahl und Solarpaneele aus China'. <http://derstandard.at/2000053328628/EU-fixiert-Strafzoelle-fuer-Stahl-und-Solarpaneele-aus-China>. Zugriff 22.04.2017.

Europäisches Parlament (Hrsg.) (2017): ,Lexikon. Nichttarifäre Hemmnisse'.<http://www.europarl.europa.eu/ep-live/de/plenary/video?debate=1464208469058>. Zugriff 22.04.2017.

Francois, J., Manchin, M., Norberg, H., Pindyuk, O. und Tomberger, P. (2013): 'Reducing Transatlantic Barriers to Trade and Investment. An Economic Assessment. Final Project Report'. London: Centre for Economic Policy Research.

Gablers Wirtschaftslexikon (Hrsg.) (2017): ‚Gablers Wirtschaftslexikon'. <http://
wirtschaftslexikon.gabler.de/Definition/nicht-tarifaere-handelshemmnisse.
html>. Zugriff 22.04.2017.

Gétaz, R. (2015): ‚Spanien. Bitteres Obst und Gemüse'. civique forum org. <https://
forumcivique.org/artikel/spanien-bitteres-obst-und-gemuese-2256/> Zugriff
22.04.2017.

ifo Institut, Center for Economic Studies (Hrsg.) (2017): ‚Ifo Spezialthema: Freihandelsabkommen'.   <http://www.cesifo-group.de/de/ifoHome/policy/Spe-
zialthemen/Policy-Issues-Archive/Freihandel.html> Zugriff 22.04.2017.

Kreiner, P. (2015): ‚Sklaven im Weinberg', stuttgarter-zeitung.de. <http://www.
stuttgarter-zeitung.de/inhalt.italien-sklaven-im-weinberg.27772094-43b5-
4861-ba29-963303ff5b82.html> Zugriff 22.04.2017.

Public Citizen's Global Trade Watch (2014): 'NAFTA's 20-Year Legacy and the
Fate of the Trans-Pacific Partnership'. S. 11. <https://www.citizen.org/sites/
default/files/nafta-at-20.pdf> Zugriff 28.12.2017.

Raza, W., Grumiller, J., Taylor, L., Tröster, B. und von Arnim, R. (2014): ‚ASSESS_
TTIP: Eine Einschätzung der behaupteten Vorteile atlantischer Handels- und
Investitionspartnerschaften (TTIP)'. Policy Note 10/2014. https://www.oefse.
at/fileadmin/content/Downloads/Publikationen/Policynote/PN10_ASSESS_
TTIP_dt.pdf, S. 1–5.

Salas, Cs., Scott, R. E., Faux, J. (2006): Rsevisiting NAFTA. Still not working for
North America's workers. Economic Policy Institute, Briefing Paper #173.
https://www.epi.org/publication/bp173/ Zugriff: 21.07.2019

Seiser, G. und Mader, E. (2017): ‚Theoretische Grundlagen der Ökonomischen
Anthropologie'. 1.3.3 David Ricardo. http://www.univie.ac.at/ksa/elearning/
cp/oeku/theogrundlagen/theogrundlagen-33.html> Zugriff 22.04.2017.

Specht, F. (2017): ‚Die EU enttäuscht die Jugend: Handelsblatt'. <http://www.han-
delsblatt.com/politik/deutschland/arbeitslosigkeit-die-eu-enttaeuscht-die-
jugend/19613192.html >Zugriff 22.04.2017.

sueddeutsche.de (Hrsg.) (2014): ‚Prognosen zur EU und zu Nafta lagen daneben'.
<http://www.sueddeutsche.de/wirtschaft/studien-zum-freihandelsabkom-
men-malen-nach-zahlen-1.2085879-2> Zugriff 22.04.2017.

TTIP Stoppen Salzburg (Hrsg.) (2015): ‚Pressekonferenz zum Aktionstag am 18.4
mit unserer Plattform'. < https://www.ttip-stoppen.at/> Zugriff 22.04.2017.

Umweltinstitut München e.V. (Hrsg.) (2017): ‚Die nordamerikansiche Freihandelszone   NAFTA'.<   http://www.umweltinstitut.org/themen/verbrau-
cherschutz-handel/freihandelsabkommen/leben-unter-nafta.html?type=0>
Zugriff 28.12.2017.

Weisbrot, M., Lefebvre, S. und Sammut, J. (2014): '*Did NAFTA Help Mexico?*
Center for Economic and Policy Research'. <http://cepr.net/documents/nafta-
20-years-2014-02.pdf> Zugriff 28.12.2017.

Wikipedia (Hrsg.) (2017a): '*Corn Laws*'. <https://en.wikipedia.org/wiki/Corn_
Laws.> Zugriff 22.04.2017.

Wikipedia (Hrsg.) (2017b): ,*Freihandel*'. <https://de.wikipedia.org/wiki/Frei-
handel> Zugriff 22.04.2017.

WKO (Hrsg.) (2017): ,*Handelsabkommen und Investitionsabkommen der EU mit
Drittstaaten*'. <https://www.wko.at/service/aussenwirtschaft/Handels-Inves-
titionsabkommen_EU-Drittstaaten.html> Zugriff 22.04.2017.

Tobias Pürcher*

Hat jedes Wachstum Grenzen?

Abstract: Economic growth has its benefit and justification but needs to be modified towards a 'temperate' capitalism to provide for wealth and well-being.

Keywords: economic interdependence, sustainable growth, freedom and security

Einleitung

Die Frage, die ich mir in meinem Essay stelle, ist nicht, ‚ob' es Grenzen des Wachstums in unserer Zeit gibt, oder ‚wo' die Grenzen des Wachstums im 21. Jahrhundert liegen, sondern ich will der Frage nachgehen, ob man die These, dass jedes Wachstum Grenzen hat, widerlegen oder abschwächen kann.

Daher werde ich mich im Speziellen mit der Kapitalismus- und Freihandelskritik von Stephan Schulmeister (2017) und dem Degrowth-Konzept von Georg Auernheimer sowie der Medienökonomie von Josef Trappel, wie sie in der Ringvorlesung behandelt wurden, befassen.

Der Grund für diese Vorgehensweise liegt in meiner Überzeugung, dass der Kapitalismus nicht nur schlechte Seiten und Wachstum zwar theoretisch Grenzen hat, diese aber überwunden werden können. Dennoch sehe ich auch die vielen, durch die Egoismen des Menschen entstandenen Probleme, die bekämpft werden müssen.

Freihandel kann positive Werte schaffen

Schulmeister (2017) stellt die Frage, ob der Freihandel als Heilmittel gegen die Krisen in Europa gesehen werden kann. Dabei setzt er sich vor allem mit TTIP (Transatlantic Trade and Investment Partnership), einem der wohl am stärksten polarisierenden Themen der jüngeren Vergangenheit, auseinander.

TTIP, das Freihandelsabkommen zwischen den USA und der EU, ist garantiert ein streitbares Thema. Spätestens seit einer Kampagne der Kronenzeitung, initiiert von SPAR, nicht zufällig der größte Inserent der Kronenzeitung, ist das Thema aufgeheizt. SPAR und die Kronenzeitung haben sich massiv gegen TTIP stark gemacht. Dass ein Blick auf das geografisch vielfältige Gemüse- und Obstsortiment von SPAR genügt, um zu wissen, dass das Unternehmen vom Freihandel profitiert wie wenig andere Konzerne in Österreich, sei nur am Rande erwähnt.

Schulmeister vergleicht die Argumente pro TTIP wie mehr Beschäftigung, Stärkung des Wettbewerbs, mehr Freihandel und daraus resultierend mehr Wohlstand sowie die Kostensenkung für Unternehmen, mit den Nachteilen eines solchen Abkommens, wie der Entmündigung der nationalen Parlamente und Bürger, der steigenden Arbeitslosigkeit, den niedrigeren Umweltstandards, den unwiderruflichen Einschränkungen der Gestaltungsräume und der Senkung der Produktqualität (Schulmeister 2017).

Schulmeister kommt letztendlich zum Ergebnis, dass die Nachteile von TTIP deutlich überwiegen. Zu einem der wesentlichen Argumente gegen TTIP, die sinkenden Umweltstandards, sei angemerkt, dass sie sich durch den Freihandel nicht notwendigerweise negativ entwickeln würden, sondern sogar anzunehmen ist, dass Freihandel eher leicht positive Einflüsse auf die Umweltstandards hat.

Freihandel per se ist nichts Schlechtes: Meiner Meinung nach hat er bei weitem mehr Vor- als Nachteile. So können Freihandelsabkommen zu Frieden führen, die Streitigkeiten zwischen Regierungen werden meist aufgrund von wirtschaftlicher Interdependenz konstruktiv gelöst, sie führen zu Transparenz und können zu höhere Einkommen führen.

Nur weil man gegen TTIP ist, den Freihandel an sich abzulehnen, würde bedeuten, das Kind mit dem Bad auszuschütten. Man sollte jedes Abkommen einzeln unter die Lupe nehmen, um ein genaueres Bild vom Sachverhalt und den Inhalten des Abkommens zu bekommen. Einzelne Abkommen können sicherlich, so wie auch TTIP, meiner Meinung nach nicht zu akzeptierende Punkte enthalten. Sich deshalb aber jedem Freihandel zu verschließen, ist in meinen Augen der falsche Weg.

Ich möchte auch noch auf Schulmeisters Anmerkungen zur „Aktuellen Lage in Europa" eingehen. Die weit verbreitete Annahme, dass Ungleichheit und Armut zunehmen, ist ein fataler Trugschluss. Die Erzählung von der auseinanderklaffenden ‚Schere' ist einerseits widerlegt und andererseits vom Erfinder selbst als ‚Fehler' bezeichnet worden. Der französische Ökonom Thomas Piketty (2014) baut in seinem Buch „Capital in the 21st Century" auf der Prämisse auf, dass die Reichsten der Reichen immer mehr Kapital anhäufen, während der Rest der Welt zurückbleibt. Seine Gleichung ‚r > g' erklärt in der gegenwärtigen modernen Wirtschaft nichts, was Piketty mittlerweile auch eingeräumt hat.

Auch die jährlich erscheinende Oxfam Studie, die behauptet, dass 62 Hyper-Reiche so viel Vermögen wie die Hälfte der Weltbevölkerung besäßen, ist nicht korrekt. Die von Oxfam verwendete Zahlenbasis ist nicht aussagekräftig und die Entwicklungsbank der Weltbank bestätigt, dass diese Behauptung nicht zutrifft (Bernau 2016). Und das gilt ganz besonders weltweit: In den letzten Jahrzehnten ist die Anzahl der in extremer Armut lebenden Menschen rapide gesunken – zum

Teil ist das auch ein Verdienst der Globalisierung und Erweiterung der Märkte
(Die Presse 2015).

„Dabei ist nicht alles falsch, was die Wohlfahrtsindustrie sagt. Während die weltweit
Ärmsten ihrer Armut allmählich entkommen, stagnieren die Einkommen der Unter-
und Mittelschicht in vielen Industrieländern seit Jahren. Deshalb wird der Abstand
zwischen den Einkommen von Armen und Reichen vielerorts tatsächlich größer" (Bernau 2016).

Brinkmann (2017) geht in einem Kommentar in der Süddeutschen Zeitung
ebenfalls auf die Fehler in der Oxfam Studie ein, nach diesem „mancher deutsche Rentner ärmer als ein mittelloser Bauer aus Burundi" sei. Durch die internationale Handelspolitik, die mit der Aufhebung der Korngesetze 1846 Fahrt
aufnahm und mit der Gründung der GATT und WTO in den 1990er Jahren
ihren Höhepunkt fand, liberalisierte sich der Weltmarkt. Ein Vorteil aus dem
politikwissenschaftlichen Kontext ist garantiert, nämlich dass Freihandel
Kooperationen schafft. Und Kooperationen führen in weiterer Folge zu Interdependenz, und wirtschaftliche Interdependenz führt zu Frieden beziehungsweise
nicht zu Krieg. Weltweit wurden seit dem Zweiten Weltkrieg circa 800 Handelsabkommen geschlossen. Dass durch den Freihandel nachweislich weniger zwi-
schenstaatliche Kriege ausgetragen werden, ist ein weiterer Grund, sich für mehr
Freihandel auszusprechen.

Gemäßigter Kapitalismus als Zukunftsperspektive

Die folgenden Themen und Inhalte beziehen sich auf Georg Auernheimers
‚Degrowth-Bewegung'. Ich bevorzuge anstelle des Begriffes ‚Degrowth-Bewegung' den Begriff ‚gemäßigter Kapitalismus'. Die Idee beruht darauf, dass der
Mensch kein Verlangen auf einen dritten Fernseher im Haus, ein viertes Auto
vor der Tür oder das zweite Handy in der Hosentasche hat. Ab einem bestimmten Sättigungsgrad zählt das, was im Neudeutschen als ‚Quality Time' bezeichnet
wird. Sei es Freizeit, Zeit in der Natur, Zeit mit der Familie oder sonstiges; das
Verlangen nach Produkten und Sachgegenständen lässt nach.

Warum es dann den Kapitalismus aber doch braucht, auch wenn er gemä-
ßigt ist, thematisiert Dietmar Hopp, Selfmade-Milliardär und SAP-Gründer in
einem Interview mit der ZEIT: Dietmar Hopp verurteilt den Turbokapitalismus,
weiß aber auch, welches Unglück und welche Tragödien Kommunismus und
Sozialismus in der Welt angerichtet haben. „Ein gemäßigter Kapitalismus ist,
glaube ich, das einzig sinnvolle System, weil der Antrieb zur Leistung erhalten
bleibt." (Kammertöns und Müller-With 2012).

Ich denke ebenfalls, dass der ‚Turbokapitalismus' den Menschen in einer
Gesellschaft und damit dem Staat selbst nicht gut tun kann. Auch deshalb kann
ich mich mit dem Modell eines moderaten Kapitalismus sehr gut anfreunden.

Wandel und Wachstum in der Medienlandschaft

Die klassischen Medien sind gezwungen, sich mit den neuen Medien zu arrangieren. Josef Trappel erwähnte in seinem Teil der Ringvorlesung, dass Wachstums
mit Globalisierung und Markterweiterung mit Medienwandel einhergehen. Die
Entwicklung der Neuen Medien hat Einfluss auf die klassischen Printmedien
und das Fernsehen. Vor allem die steigende Bedeutung des Smartphones hat
Auswirkungen auf das Wachstum der klassischen Medien.

Mit den Neuen Medien und der Globalisierung geht ein Medienwandel einher. Das Aussterben der Tageszeitungen ist ein mittlerweile weltweit beobacht-
bares Phänomen. Der erwähnte Medienwandel führt darüber hinaus zu einer
Schwächung von Presseinstitutionen, zum Niedergang der klassischen Medien,
zu einer De-Professionalisierung des Journalistenberufs, dessen Auswirkungen
wohl erst in Jahrzehnten richtig spürbar sein werden. Diese Veränderungen führen zu einem Vertrauensverlust in die Medien und die Journalisten. Begleitet
wird dieser Prozess von einer steigenden Kommerzialisierung und Oberfläch-
lichkeit von Inhalten.

Vor allem die Kommerzialisierung der Medien, die eine Folge der ‚Verwirt-
schaftlichung' und Globalisierung ist, bringt nachhaltig negative Veränderungen
mit sich. Die Medien orientieren sich an der Werbewirtschaft. Sie werden mehr
und mehr zum Transporteur der Anliegen der Werbeindustrie und weniger von
Informationen oder im Zweifelsfall von Infotainment. Mit Werbeeinschaltun-
gen in neuen Medien können Unternehmen viel genauer und ohne Streuver-
luste ihre Zielgruppen ansprechen und nehmen damit billigend in Kauf, dass
andere Gruppen der Bevölkerung ausgegrenzt werden. Die Boulevardisierung
und mangelnde Qualitätsorientierung im neuen Medienzeitalter sind ebenso
mit Skepsis zu beobachten. Die Zeitungen orientieren sich nicht mehr nur an
Auflagen, sondern zunehmend an der im Netz generierter Reichweite und der
Anzahl der Klicks. Undankbare Themen, wie beispielsweise die EU, werden im
Vergleich zu politischen Fun Facts (und anderen, viele Klicks generierenden
Peinlichkeiten) von Redakteuren wenig beachtet. Ein Verzerrung der politischen
Landschaft und Entertainment-Journalismus, der sich auf Donald Trumps Fri-
sur und den Namen von Norbert Hofers Hund konzentriert, ist in einigen auf-
lagenstarken Zeitungen die Folge (Trappel 2017).

Eine weitere Folge ist, dass hochkomplexe politische Themen auf die Länge einer Schlagzeile zusammengeschrumpft werden. Die nationale und internationale Kommunikationspolitik ist durch das Wachstum und die Globalisierung so stark verflochten wie noch nie zuvor. Es gibt neue Akteure auf der Weltbühne mit Einfluss auf Wirtschaft, Politik und Medien. Durch die technische Weiterentwicklung tauchen neue Vernetzungstypen auf. Die Medienkonzerne sind gezwungen, auf diesen Zug aufzuspringen, denn daran orientiert sich der Markt. Die Verflechtung der Medien und der ständig stattfindende Wandel macht es den ‚alten Medien' nicht einfach, konservativ zu bleiben und sich dennoch im richtigen Maß den neuen Medien zu öffnen. Denn auch diese Erneuerungen können gute Seiten haben.

Die neuen Medien führen zu einem Mobilitätsgewinn und können zur Überwindung der klassischen Medien-Organisations-Strukturen führen (Trappel 2017).

Ich denke, dass es ganz speziell auf diesem Gebiet für Wachstum wenig bis keine Grenzen gibt. Was für das Radio das Fernsehen war, sind jetzt die neuen Medien für die alten, klassischen Medien wie eben Radio, Fernsehen und im Speziellen für Printmedien. Auch wenn gerade die neuen Medien Gefahren mit sich bringen, die andere Newcomer früherer Zeiten nicht hatten. Denn die Informationskontrolle ist bei den neuen Medien nicht gegeben. Das Verbreiten von Unwahrheiten ist kaum zu verhindern, schwer nachvollziehbar und deshalb auch selten belegbar oder strafbar.

Fazit

Mein Essay über die Lehrveranstaltung „Grenzen des Wachstums" mit dem Fokus auf die Einheiten über den Freihandel, über Medienökonomie und Medienwandel sowie den Kapitalismus, sollte die strikte Annahme von Grenzen für das Wachstum relativieren.

Abschließend meine ich, dass ein gemäßigter Kapitalismus mit dem Blick für den Mitmenschen uns zu einer gerechteren und besseren Gesellschaft formen würde. Der Blick im Supermarkt für das billigste Produkt oder im Geschäft für die Billigkleidung aus Fernost, scheint vielen in der heutigen Welt angelernt zu sein, und nicht selten ist man auch stolz darauf. Ich meine, dass jeder am Ende für sich selbst entscheiden sollte, wo man die Grenzen für sich persönlich setzt – im besten Fall natürlich dort, wo es noch für einen selbst und die Gemeinschaft verträglich ist.

Der Freihandel, von dem auch Österreich als Exportland stark profitiert hat, trotz einiger schwarzer Schafe, hat für mich viel mehr positive als negative

Seiten. Auch muss man die Globalisierung als Faktum zur Kenntnis nehmen und auch ihre Vorteile sehen. Und in der globalisierten Welt, in der wir leben, darf Freihandel nicht nur negativ assoziiert werden.

Der im 21. Jahrhundert durch die neuen Medien beschleunigte Medienwandel ist für mich mit Blick auf die Qualität der Medien als negativer Trend anzusehen. Es bleibt aber auch wiederum jedem Einzelnen selbst vorbehalten, woher man seine Informationen bezieht und welchem Medium man Glauben schenken will. Die Aufgabe ist nicht, Grenzen zu ziehen und den Wandel zu stoppen oder rückgängig zu machen, sondern den Einzelnen und die Gemeinschaft in die Lage zu versetzen, den Wandel zu bewältigen und zu gestalten.

Es wird sich in den kommenden Jahrzehnten zeigen, worin die Grenzen für das Wachstum bestehen und wo diese liegen.

Literatur

Bernau, P. (2016): ,R>G. Die Reichen werden immer reicher, die Armen immer ärmer. Was für ein Unsinn'. <http://www.faz.net/aktuell/wirtschaft/arm-und-reich/ungleichheit-zwischen-arm-reich-thomas-pikettys-r-g-14402735.html?GEPC=s3> am 11.2.2017.

Brinkmann, B. (2017): ,Nein, acht Menschen besitzen nicht so viel wie die Hälfte der Welt'. <https://www.sueddeutsche.de/wirtschaft/oxfam-nein-acht-menschen-besitzen-nicht-so-viel-wie-die-haelfte-der-welt-1.3333868> Zugriff: 20.1.2017

Die Presse (2015): ,Erstmals weltweit weniger als zehn Prozent in extremer Armut'. <http://diepresse.com/home/wirtschaft/international/4835979/Erstmals-weltweit-weniger-als-zehn- Prozent-in-extremer-Armut> am 12.02.2017.

Kammertöns, H.B. und Müller-With, M. (2012): ,Von mir aus 60 Prozent Steuern'. Internet: <http://www.zeit.de/2012/40/Unternehmer-Dietmar-Hopp> am 12.02.2017.

Piketty T. (2014): 'Capital in the 21st Century.' Cambridge, MA: Belknap Press.

Schulmeister, S. (2017): ,Freihandel als Heilmittel für die Krise Europas?'. Nicht veröffentlichte Präsentation im Rahmen der Vorlesung ,Medienlandschaften', Wintersemester 2016/17.

Trappel, J. (2017): ,Internationale Mediensysteme im Vergleich'. Nicht veröffentlichte Präsentation im Rahmen der Vorlesung ,Medienlandschaften', Wintersemester 2016/17.

Andreas Schütz*

Für und Wider Niko Paechs Postwachstumsökonomie

Abstract: Pros and cons of Niko Paech's 'post-growth economy' are discussed in a recursive circular manner.

Keywords: value chains, reinvestment, rebound effect

Einleitung

„Postwachstumsökonomie" ist ein von Niko Paech (2012, 2011, 2009) geprägter Begriff für ein Wirtschaftskonzept, das – wie der Name impliziert – ohne den ‚Wachstumszwang', den er als charakteristisch für gegenwärtige Wirtschaftssysteme ansieht, auskommen soll. Kritisiert wird an diesen Wirtschaftssystemen, dass eben jener Wachstumszwang zu enormem Ressourcenverbrauch und zu schwerwiegenden Umweltschäden geführt habe, und dass absehbar sei, dass ökologische Grenzen in naher Zukunft weiteres Wirtschaftswachstum unmöglich machen werden. Gleichzeitig beinhaltet das Konzept der Postwachstumsökonomie Alternativen für eine Wirtschaft nach Aufgeben des Wachstumsparadigmas.

Der Entschluss, einen Essay über dieses Thema zu schreiben, kam zustande, als ich in mehreren Vorträgen im Rahmen der Ringvorlesung erlebte, dass Paechs Ideen starker Kritik ausgesetzt waren. Ohne mit der Postwachstumsökonomie im Vorhinein vertraut gewesen zu sein, empfand ich spontan eine gewisse Sympathie für ihre Anliegen. Im Folgenden möchte ich die zugrunde liegende Argumentation der Postwachstumsökonomie wie auch die Kritik an dieser Position genauer betrachten, um zu einer eigenständigen Konklusion zu gelangen.

Paechs Argumentation

Ich gebe, hauptsächlich im Anschluss an einen seiner Aufsätze (Paech 2011), Paechs zentrale Argumentation gegen das Wachstumsparadigma in eigenen Worten und mit Erklärungen versehen wider. Das setzt natürlich ein subjektives Verständnis seiner Konzeption voraus. Sollte dieses sich in den zentralen Punkten als zutreffend erweisen, so werde ich anschließend in der Lage sein, die Tragfähigkeit seiner Argumentation im Hinblick auf verschiedene Richtungen der Kritik zu überprüfen.

(1) Wir leben in einem Fremdversorgungssystem. Da wir den Großteil der Güter unseres täglichen Bedarfs weder selbst herstellen noch unmittelbar von Anbietern, die vor Ort produzieren, erwerben, sind wir abhängig von oftmals sehr langen Produktionsketten (‚Wertschöpfungsketten‘).

(2) An jedem Punkt einer Produktionskette ist es notwendig, dass Kapital investiert wird. Beispielsweise, um Produktionsmittel zu beschaffen oder zu erneuern. Kapitalinvestition geschieht jedoch nur dort, wo Investoren auch mit Zinsen rechnen dürfen. Also muss an jedem Punkt der Produktionskette laufend Gewinn erwirtschaftet werden.

(3) Um laufend Gewinn zu erwirtschaften, ist es für einen Produzenten notwendig, laufend die Anzahl der verkauften Güter zu erhöhen oder neue Güter auf den Markt zu bringen, die gewinnbringend verkauft werden können.

(4) Die Anzahl der produzierten und verkauften Güter laufend erhöhen zu müssen, bedeutet nichts anderes, als einem Wachstumszwang unterworfen zu sein.

(5) Die ökologischen Grenzen des Wachstumszwangs sind bereits deutlich sichtbar. Aufgrund drohender Ressourcenknappheit und des fortschreitenden Klimawandels ist es geboten, unseren Ressourcenverbrauch und unsere CO_2-Emissionen entscheidend zu reduzieren, um einen nicht mehr völlig abwendbaren ‚Aufprall‘ zumindest abzumildern.

(6) Von mancher Seite wird für ein sogenanntes ‚entkoppeltes Wachstum‘ plädiert. Damit ist gemeint: Wir sollen das Wachstumsparadigma nicht aufgeben, sondern vielmehr dafür Sorge tragen, dass künftiges Wirtschaftswachstum nicht mehr mit wachsendem Ressourcenverbrauch und weiteren CO_2-Emissionen einhergeht. Neue Technologien, beispielsweise erneuerbare Energien und moderne Fahrzeuge, sollen diese Abkopplung ermöglichen. Solche Visionen sind laut Paech jedoch Mythen. Bei weitem nicht alle Vorschläge sind tatsächlich technisch umsetzbar, zudem führen in vielen Fällen sogenannte ‚Rebound-Effekte‘ dazu, dass die Umweltbelastung insgesamt auf gleichem Niveau bleibt, selbst wenn es gelingen sollte, einzelne Produkte nachhaltiger zu gestalten. Bsp.: Mit zunehmender Popularität von Hybridautos werden möglicherweise Personen, die bislang öffentliche Verkehrsmittel genutzt haben, zu Autofahrern, wodurch der CO_2-Ausstoß innerhalb der Gesellschaft auf gleichem Niveau wie vor dem Durchsetzen von Hybridautos bleiben könnte (Paech 2009).

(7) Konklusion: Da es kein nachhaltiges Wirtschaftswachstum geben kann, sollen wir das Wachstumsparadigma aufgeben und beginnen, nach alternativen Wirtschaftsformen zu suchen.

(8) Konklusion: Um uns dem Wachstumszwang zu widersetzen, sollten wir uns bewusst machen, welche Güter wir tatsächlich benötigen, und auf solche Güter, auf die wir problemlos verzichten könnten, auch tatsächlich verzichten (*Suffizienz*). Eine weitere Möglichkeit besteht darin, bevorzugt Güter zu kaufen, die in geographischer Nähe hergestellt wurden und deren Produktionsketten gering sind. Kleinere Produktionsketten bedeuten: Weniger Produktionsstätten, an denen der Wachstumszwang zum Tragen kommt.

(9) Konklusion: Schließlich und endlich wäre es sinnvoll, unsere Arbeitszeit auf 20 Wochenstunden zu reduzieren, da durch die Umsetzung einer Postwachstumsökonomie zunehmend weniger Arbeitszeit benötigt wird. Die verbleibende Zeit könnten wir nützen, um gewisse Güter unseres täglichen Bedarfs selbst herzustellen (*Subsistenz*). Zum Beispiel könnten wir gemeinsam mit Nachbarn Gemeinschaftsgärten betreiben. Als Beispiel nennt Paech außerdem die relativ neue Konzeption der ‚Transition Towns‘.

(10) Empirische Behauptung: Der geforderte Verzicht ist nicht zwangsläufig etwas Negatives. Vielmehr haben bereits einige Menschen einen Punkt erreicht, ab dem mehr Konsum gar nicht mehr dazu verhilft, ihr Wohlbefinden zu steigern, sondern im Gegenteil zu ‚Konsum-Burnout‘ führt. Weniger Konsum macht folglich – was laut Paech durch die Glücksforschung bestätigt wird – glücklicher.

Was ist nun von diesem Argument zu halten? Verschiedene Richtungen der Kritik sollen im Folgenden untersuch werden.

Was spricht gegen Paech?

Ein zentraler Kritikpunkt betrifft Paechs Methodologie. Es wurde behauptet, diese sei aus folgenden Gründen unzureichend:

1. *Paech vertritt (implizit) einen nicht haltbaren „methodologischen Individualismus"* (Hürtgen 2016)
Indem er keine weitere Differenzierung vornimmt, wer genau mit seinem ‚Wir‘ gemeint sein soll (relevant insbesondere in (8) und (9)), setzt Paech sämtliche Individuen einer Gesellschaft gleich (man kann entnehmen, dass er häufig die deutsche Gesellschaft im Sinn hat, die stellvertretend jedoch für viele andere europäische Gesellschaften stehen kann). Dabei übersieht er, dass jede Gesellschaft aus unterschiedlichen Gruppen, Schichten, Milieus besteht. Insbesondere der geforderte Verzicht in (8) wird vor diesem Hintergrund fragwürdig: Es ist eben nicht der Fall, dass jeder deutsche Bürger und jede deutsche Bürgerin dieselben Voraussetzungen zum Konsum und dieselben

Handlungsdispositionen hat. Man könnte sagen: Bezogen auf Niedriglohn-Empfänger macht seine Forderung nach Konsumverzicht keinen Sinn, haben diese doch gar nicht die Voraussetzungen, um überhaupt Luxusgüter zu erwerben. Auch Behauptung (10) ist in diesem Falle sicherlich unangebracht.

2. *Paech vertritt (implizit) einen nicht haltbaren „(wachstumslogischen) methodologischen Nationalismus"* (Hürtgen 2016)
Der Schluss von nationalen BIP-Zahlen auf das nationale Konsumniveau ist unzulässig. Obwohl das BIP in Deutschland weiterhin steigt, dürfen wir daraus nicht schließen, dass auch tatsächlich mehr Konsum innerhalb der deutschen Bevölkerung stattfindet. Man darf nicht übersehen, dass auch die Exportrate in Deutschland im Steigen begriffen ist, was bedeutet, dass es eine beträchtliche Anzahl an Gütern gibt, die, obwohl in Deutschland produziert, nicht in Deutschland konsumiert werden. Produktionsland und Absatzmarkt fallen in solchen Fällen auseinander. Es ist daher nicht möglich, vom BIP-Wachstum in einem bestimmten Land auf Konsumwachstum in diesem Land zu schließen.

Was spricht für Paech?

Meiner Meinung nach greifen beide Einwände Paechs Argumentation nicht so stark an, wie es scheinen könnte. In Bezug auf den *ersten Einwand* könnte Paech erwidern, dass seine Gleichsetzung von deutschen Bürgerinnen und Bürgern insofern berechtigt ist, als (fast) jeder und jede von ihnen eines gemeinsam hat: Einen durchschnittlichen jährlichen CO_2-Ausstoß, der signifikant über jenem Richtwert von 2,7 Tonnen liegt, der unter Voraussetzung von Klimaschutzerwägungen jedem Erdenbewohner und jeder Erdenbewohnerin zugesprochen werden könnte (Singer (2016) nennt mit Bezug auf die WHO einen noch niedrigeren Wert von zwei Tonnen pro Jahr). Während es selbstverständlich ist, dass diejenigen Personen, die eine verhältnismäßig geringere CO_2-Bilanz aufweisen, weniger zu reduzieren haben als jene, deren Emissionen über dem landesweiten Durchschnitt liegen, ist doch keiner und keine ausgenommen von der Forderung, CO_2-Emissionen zu reduzieren. Selbst in Haushalten mit unterdurchschnittlich niedrigem Einkommen ist ein deutliches Einsparpotenzial vorhanden (Klingenberg 2008).

Menschen mit geringen finanziellen Mitteln sind nicht alle Optionen versperrt. Beispielsweise stünde zumindest manchen von ihnen offen, sich an Gemeinschaftsgärten oder einer Lebensmittelgenossenschaft zu beteiligen – was ja auch Geld sparen würde. Allerdings muss diese Bemerkung natürlich sofort dahingehend ergänzt werden, dass es gerade für viele Stadtbewohner in vernünftiger Nähe (noch) keine solchen Projekte gibt. Es ist eine Sache der zukünftigen Entwicklung und gesellschaftlichen Transformation, könnte Paech behaupten, dass in solchen Gebieten vermehrt alternative Projekte entwickelt und umgesetzt werden. Würden genügend Menschen die Konzeption der Postwachstumsökonomie mittragen, könnte eine solche wünschenswerte Entwicklung in Gang gesetzt werden.

Schwerer wiegt vielleicht der zusätzliche Einwand, dass die Löhne auch in Deutschland zunehmend „auseinanderdriften" (Hürtgen 2016) und prekäre Beschäftigungsverhältnisse zunehmen. Während nicht bestritten werden kann, dass diese zunehmende Einkommensschere eine grobe Ungerechtigkeit darstellt, sollte andererseits aber – wie bereits erwähnt – auch gesehen werden, dass jedenfalls in Deutschland nach wie vor auch jene, die stark unterbezahlt werden, einen CO_2-Fußabdruck aufweisen, der deutlich über den erwähnten 2,7 Tonnen pro Jahr liegt. Und: Würden sich Möglichkeiten der Subsistenz, wie Paech sie vorschlägt (8), für prekär Beschäftigte erschließen, ginge das nicht nur mit einem verringerten CO_2-Fußabdruck einher, sondern gleichzeitig würde auch die Abhängigkeit von den bisherigen prekären Arbeitsbedingungen verringert.

Gewiss: Gerade in einigen Oststaaten ist eine Abkopplung von der westlich-modernen Lebensweise bereits geschehen (Hürtgen 2016) und war dort alles andere als freiwillig und bestimmt nicht zum Wohl der betroffenen Personen. Ich denke, auch Paech könnte mit Hürtgen (und mir) zustimmen, dass derart schwerwiegenden sozialen Ungleichheiten durch (EU) politische Maßnahmen entgegengesteuert werden muss – ist erstens eine derart gravierende Einschränkung nicht notwendig, um nachhaltig zu leben, steht zweitens die auf schmerzhafte Weise verlorene Teilhabe der Betroffenen im Gegensatz zu der Vision einer Transformationsbewegung, an der jede Person ohne nennenswerte Voraussetzungen (insbesondere ohne nennenswertes Kapital) teilhaben kann. Drittens profitieren von solchen Ungleichheiten doch vor allem Konzerne und privilegierte Einzelpersonen, die ihrerseits für eine unverantwortlich hohe CO_2-Bilanz verantwortlich sind.

Wenn Bessergestellte (zu denen Paech selbst zweifelsfrei gehört) beispielhaft vorangehen (wie Paech es erfreulicherweise tatsächlich tut), dann erhöht das die Glaubwürdigkeit seiner Behauptung, dass ein gutes Leben auch abseits des oft als selbstverständlich angesehenen ‚modern-westlichen' Lebensstils möglich ist. Je mehr Personen an der Bewegung, die Paech vorschwebt, teilhaben, umso mehr wird eine Alternative sichtbar – auch für prekär Beschäftigte. Durch diese Transformation, so sie erfolgreich ist, sollte eine neue (Sub-)Gesellschaft und (Sub-)Kultur entstehen, deren Teilhabe viel weniger an den Besitz von Finanzmitteln geknüpft ist – und folglich auch weniger bedroht ist.

In Bezug auf den *zweiten Einwand* muss zunächst festgehalten werden, dass sich Paech selbst durchaus der Tatsache bewusst zu sein scheint, dass die Produktion von Gütern heutzutage auf viele regional weit entfernte Gebiete aufgeteilt sein kann: „Heute erstreckt sich die Produktion einer [...] Armbanduhr auf den ganzen Planeten." (Paech 2012: 3:15 min)

Zudem: Selbst gesetzt den (*kontrafaktischen*) Fall, dass der Gesamtkonsum innerhalb Deutschlands trotz BIP-Wachstum nicht steigen sollte, weil sämtliche zusätzlich produzierten Güter exportiert würden, greift Paechs Feststellung, dass die meisten deutschen Unternehmen dennoch keine Wahl haben, als Jahr für Jahr mehr Güter zu produzieren (Prämissen (2) und (3)). Diese Tatsache genügt bereits, um seine Wachstumskritik zu stützen, und gleichzeitig alternative Lebensstile, die nicht von solchen Produktionsketten abhängen, zu fordern. Außerdem könnte man feststellen, wenn jene exportierten Güter von Mitgliedern anderer Nationen konsumiert werden, so würden dann jedenfalls die dortigen Konsumenten unter die Forderungen (8) und (9) fallen. Paech muss seine Forderungen so verstehen, dass sie sämtliche Erdenbewohner und nicht allein die Mitglieder seiner eigenen Gesellschaft mit einschließen: „Gerade weil wir in einer globalisierten Welt leben, brauchen wir einen Lebensstil, der für alle gelten kann. Wir wissen, dass die Klimaziele, auf die man sich geeinigt hat, nur erreichbar sind, wenn alle weniger CO_2 verbrauchen." (Paech zitiert nach Bachler 2014)

Und wenn man anerkennt, dass es Fälle gibt, in denen überschüssig produzierte Güter überhaupt nicht konsumiert werden, so können eben diese Fälle weitere Gründe für Paech liefern, Kritik an einem Wirtschaftssystem, dessen Wachstumslogik überhaupt erst zu Produktionsüberschuss führt, zu üben.

Noch einmal: was spricht gegen Paech?

Eine nochmals andere Linie der Kritik geht dahin, zu bezweifeln, dass Paechs Forderung an einzelne Konsumenten, sie sollen ihr Konsumverhalten grundsätzlich ändern, hilfreich ist.

1. Bleibt Paechs Konsumkritik damit auf einer moralischen Ebene?
2. Verstellen „Plädoyers für Konsumverzicht den Blick auf gesellschaftliche Zusammenhänge" (Hürtgen 2016)?

Noch einmal: was spricht für Paech?

Was die erste Feststellung betrifft, würde ich bestreiten, dass es ein Problem darstellen würde, wenn Paechs Konsumkritik tatsächlich rein moralischer Natur wäre. Moralische Forderungen können gut begründet sein, im Falle der Forderung, CO_2-Emissionen zu reduzieren, sind sie es definitiv. Es darf Konsumentinnen und Konsumenten unterschiedlicher Schichten, Klassen, Milieus zugetraut und zugemutet werden, gut begründete moralische Forderungen zu verstehen und in ihr Handeln einfließen zu lassen. Aber es ist schon wahr: Solche Appelle zeigen vielleicht nur sehr begrenzte Wirkung, wenn sie nicht mit zusätzlichen institutionellen Reformen einhergehen.

Es zeigt sich aber, dass Paech sicher nicht allein an das Gewissen seines Publikums appelliert, wenn er beispielsweise als Motivation für eine Postwachstumsökonomie Ressourcenverknappungen (für Boden, Öl, Phosphor oder Coltan) nennt, die es in absehbarer Zeit unmöglich machen werden, den ‚Status quo‘ aufrechtzuerhalten (Paech 2011: 41). Wenn diese Prognose zutreffend ist, wäre es schon aus Gründen des „ökonomischen Selbstschutzes" (ebd.) ratsam, alternative Formen des Lebens und Wirtschaftens anzustreben.

Paech spricht aber durchaus von Maßnahmen auf einer übergeordneten Ebene. Beispielsweise, wenn er die Chancen einer regionalen Komplementärwährung wie dem ‚Chiemgauer‘ erwähnt oder eine Veränderung politischer Rahmenbedingungen in Betracht zieht: „[Zur Förderung der Suffizienz] sind unterstützende Rahmenbedingungen denkbar, die von Maßnahmen der Nachhaltigkeitskommunikation und -bildung bis zum Verbot von kommerzieller Werbung reichen können." (Paech 2011: 38) In demselben Aufsatz stellt er zudem fest, dass der Übergang zu einer Postwachstumsökonomie durch „institutionelle Innovationen" wie die kritische Prüfung von Subventionen, ein Bodenversiegelungsmoratorium, durch „Boden-, Geld- und Finanzmarktreformen", durch eine Geldumlaufsicherung für Regionalwährungen oder durch „veränderte Unternehmensformen" gestützt werden könnte.

Was die *zweite Kritik* betrifft: Wenn man die Prämissen (2) und (3) noch einmal genau betrachtet, wird diese sicherlich zumindest leicht abgemildert, behandelt Paech darin doch Zusammenhänge auf überindividueller Ebene. Nichtsdestoweniger ist die Beobachtung zutreffend, dass Paech seine Forderungen, die er daraus ableitet, direkt an einzelne Individuen richtet (mit Ausnahme der oben aufgezählten Ideen). Wenn Hürtgen jedoch „*statt* Verzichtsdebatten" eine „Diskussion guter Arbeit und guten Lebens", ein „europäisches bzw. globales Mindesteinkommen", „globale soziale Rechte" und eine „Stärkung allgemeiner sozialer Infrastruktur" fordert (Hürtgen 2016), sehe ich das Thema Umwelt- und Klimaschutz an den Rand gedrängt. Unbestritten ist es wichtig, soziale Fragmentierung und deren Ursachen zu sehen und Gegenmaßnahmen zu fordern. Sobald derartige Maßnahmen umgesetzt sind, wird sich jedoch die Frage nach einem nachhaltigen Lebensstil – der, wenn Prämisse (6) wahr ist, ohne Verzicht nicht zu haben ist – immer noch stellen. Daher handelt es sich hier um zwei unterschiedliche Diskurse. Ich sehe nicht, warum man eine Entscheidung im Sinne eines ‚Entweder-Oder‘ fordern sollte, ist das Plädoyer für Verzicht doch nicht nur kompatibel mit der Forderung globaler sozialer Rechte, sondern stellt selbst ein Plädoyer für Klimagerechtigkeit dar.

Eine letzte Kritik

Eine letzte Kritik, die ich abschließend betrachten möchte, stellt fest: „Nicht jedes Wachstum ist zu verwerfen, beispielsweise ist Wachstum im Gesundheits- und Pflegesektor dringend notwendig. Somit ist es überhaupt nicht das Wachstum per es, das es zu kritisieren gilt" (Zeller 2016).

Paech hat einmal erwidert, selbst der Ausbau des Gesundheitssystems würde zu nicht wünschenswerten Konsequenzen führen, solange die zusätzlich eingestellten Ärztinnen und Ärzte, Krankenpflegerinnen und Krankenpfleger ihr Einkommen dazu verwenden, Güter zu konsumieren, welche die Umwelt beeinträchtigen. „[…] aber was machen Krankenschwestern, Lehrer, Altenpfleger dann mit ihrem Geld? Sie kaufen Autos, reisen in die Karibik, wollen das neue iPhone." (Maxeiner und Miersch 2014).

Damit beantwortet er den Einwand wohl kaum zufriedenstellend. Zwar verweist er so einmal mehr auf die Wichtigkeit kulturellen Wandels und einer Einstellung des Verzichts, doch erklärt er nicht, warum in diesem Fall Wachstum per se schlecht sein soll. Wenn Paechs Bewegung Erfolg hat, sollte man doch annehmen, dass auch neu beschäftigte Fachkräfte auf einen nachhaltigen Lebensstil umsteigen werden. Eine für mich naheliegendere Antwort, die ich bei Paech zumindest nicht entdeckt habe, wäre zu hinterfragen (das ist eine vorsichtige Frage), ob Wachstum etwa beim Ausbau von Krankenpflegeeinrichtungen wirklich immer wünschenswert ist: ‚Ein Krankenhaus läuft im kontinuierlichen 24-Stunden Betrieb und verbraucht im Schnitt so viel Energie wie eine Kleinstadt‘. Es sollte wohl eine Frage der Güterabwägung sein, ob der Mehrwert eines modernisierten oder neuen Krankenhauses die ökologischen Folgeschäden überwiegt. Vielleicht wird man in Zukunft auch manche Formen der hoch technisierten Krankenbehandlung als nicht mehr tragbaren Luxus ansehen müssen. Dass es schwer fällt, so zu denken, ist verständlich, ich würde auch ungern auf die Sicherheit, im Bedarfsfall eine optimale medizinische Versorgung zu erhalten, *verzichten*. Gewiss sind Krankenhäuser die letzten Wirtschaftsbereiche, in denen man das Verzichtsdenken umsetzen möchte. Dennoch führt kein Weg daran vorbei, auch über solch unangenehmen Fragen nachzudenken, gerade wenn man von (6) überzeugt ist. Es könnte durchaus sein, dass die Folgen des Klimawandels in Zukunft schwerwiegender sind (möglicherweise erst für zukünftige Menschen, aber Klimagerechtigkeit heißt eben auch, deren Interessen zu berücksichtigen) als eine Reduktion auch der Krankenhaustechnologie heute.

Dennoch: Ja, vermutlich sollte man zugestehen, dass es Bereiche gibt, in denen Wachstum sowohl ökologisch unproblematisch als auch wünschenswert ist. Man denke an den Ausbau der einfachen Gesundheitsversorgung, der Psychotherapie, von Bildungsangeboten etc. Gerade die letzten beiden Bereiche können ja mit geringem Energie- und Ressourceninput wachsen. Somit sollte man annehmen, dass Paech sie ausnehmen könnte von seiner allgemeinen Wachstumskritik. Ja, vielleicht ist diese Kritik tatsächlich zu pauschal. Es muss jedoch auch gesehen werden, dass es sich bei den genannten Beispielen um Einzelfälle handelt, während viele der wachsenden Wirtschaftsbereiche (Automobilindustrie) problematisch sind und bleiben.

Conclusio

Die Tendenz dieses Essays ist deutlich: „Für Paechs Argumentation und nicht gegen sie". Mein Hauptmotiv, warum ich die Postwachstumsökonomie verteidigt habe, liegt darin, dass sie ein Ende überdimensionalen Ressourcenverbrauchs und das Erreichen der Klimaziele auf glaubwürdige Weise in den Vordergrund stellt – letztlich wichtige Voraussetzungen für ein gutes Leben und für (globale) Gerechtigkeit (zwei Leitvorstellungen, die einer meiner Professoren als Ziel jeder Ethik ansieht).

Wenn man die Prämissen von Paechs Argument anerkennt, meine ich, sind seine Forderungen (7), (8) und (9) plausibel. Selbst dann, wenn man seine Wachstumskritik abschwächt. Allerdings sind gewiss auch andere Vorschläge denkbar. Und: Sollten diese sich als hilfreicher herausstellen, oder sollte ich übersehen haben, auf welche Weise Paechs Forderungen die Notwendigkeit dringender gesellschaftlicher Veränderungen ,verstellen', muss ich diese Einschätzung revidieren. Viel zu wenig bin ich mit wirtschaftlichen, ökologischen und sozialen Zusammenhängen vertraut. Unwahrscheinlich ist jedoch, dass die Postwachstumsökonomie die Notwendigkeit eines nachhaltigen, insbesondere eines klimagerechten Lebenswandels verstellt. Und das ist immerhin auch einiges.

Literatur

Bachler M. (2014): ,Ökonom Niko Paech: Wir sind Trophäensammler mit Konsum-Burn-Out'. In: trend.at <https://www.trend.at/wirtschaft/business/oekonom-niko-paech-wir-trophaeensammler-konsum-burn-out-377282> Zugriff: 11. Februar 2017.

Hürtgen, S. (2016): ‚Transnationale Produktionsarbeit und fragmentierte Wachstumsgesellschaften‘. Nicht öffentlich zugänglicher Vortrag im Rahmen der Ringvorlesung der ÖH Salzburg am 17. November 2016.

Klingenberg, C. (2008): ‚Wir berechnen unsere Treibhausgasemissionen‘. In: http://www.didaktik.mathematik.uniwuerzburg.de/fileadmin/10040500/bilder/Pentagramm/Projekttage_2008/Gruppe4_Wir_berechnen_unsere_Treibhausgas-Emissionen_ProfKlingenberg _Bericht.pdf> Zugriff: 3. Januar 2019

Maxeiner, D. und Miersch, M. (2014): ‚Alles grün und gut?: Eine Bilanz des ökologischen Denkens‘. Knaus. Wien. (über Google Books).

Paech, N. (2012): ‚Die Wachstumsparty ist vorbei‘. <https://www.youtube.com/watch?v=Xdwqu88cY3g > Zugriff: 10. Februar 2017.

Paech, N. (2011): ‚Vom nachhaltigen Wachstum zur Postwachstumsökonomie‘. In: Rätz, W., von Egan-Krieger, T. (Hrsg.). „Ausgewachsen!“. VSA Verlag. Hamburg.

Paech, N. (2009). ‚Wachstum „light“? Qualitatives Wachstum ist eine Utopie‘. Wissenschaft & Umwelt Interdisziplinär 13, S. 84–93.

Singer, P. (2016): ‚Praktische Ethik‘. Reclam. Ditzingen.

Zeller, C. (2016): ‚Großkonzerne‘. Nicht öffentlich zugänglicher Vortrag im Rahmen der Ringvorlesung der ÖH Salzburg am 3. November 2016.

Maria Klieber*

Alternative Wirtschaftssysteme. „Libertärer Paternalismus"

Abstract: Paternalism, if utilized together with principles of liberalism, can outperform contemporary neoliberal capitalism. One promising approach is given with the idea of nudging, i.e., to subtly persuade producers and consumers to behave to economic-ecological principles, accordingly.

Keywords: rational behavior, decision-making, liberalism

Einleitung

Dieser Essay beschäftigt sich mit einem alternativen Wirtschaftsmodell, dem „Libertären Paternalismus", und nutzt den flexiblen Spielraum der Vorlesung, um eine breite inhaltliche Diskussion zu führen. Bis heute hat sich das Modell der freien Marktwirtschaft durchgesetzt und behauptet, meist allerdings verbunden mit dem kapitalistischen System. In einer freien Marktwirtschaft besitzen alle MarktteilnehmerInnen Wahlfreiheit hinsichtlich ihrer wirtschaftlichen Entscheidungen. Staatliche Kontrolle und Marktregulierungen sollen auf ein Minimum beschränkt sein, doch steht meist die Gewinnoptimierung und ständiges Wachstum im Vordergrund. Kann also ein Wirtschaftssystem, das nur darauf ausgelegt ist, zu expandieren, am Leben gehalten werden? Institutionen, wie der Club of Rome oder Bewegungen wie Degrowth, zweifeln an der Nachhaltigkeit des kapitalistischen Systems und diskutieren breite Alternativen. Ein paternalistisches Wirtschaftsmodell wurde von vielen führenden Ökonomen abgelehnt. In letzter Zeit argumentiert jedoch eine Vielzahl von renommierten Wirtschaftswissenschaftlern, dass eine liberale Form des Paternalismus in gewissen Situationen sogar notwendig ist. Den Ursprung dieser Entwicklung liefert die Verhaltensökonomie. Sie stellt das rationale Verhalten der wirtschaftlichen Akteure mehr und mehr in Frage.

Das System des Libertären Paternalismus wird durchaus kontrovers diskutiert, auf Grundlage der Verhaltensökonomie wird die strikte Ablehnung des Paternalismus oder zumindest die Aversion gegen sämtliche paternalistische Methoden jedoch neu überdacht. Handeln die Menschen wirklich rational in all ihren täglichen (wirtschaftlichen) Entscheidungen und besitzen sie zu jeder Zeit kohärente Präferenzen? Oder benötigen sie in manchen Bereichen einen

‚Schubs' in die richtige Richtung? Da die vollkommen rationale Entscheidungs-
findung der Menschen offensichtlich einer gewissen empirischen Grundlage
entbehrt, sind paternalistische Methoden, die trotzdem die liberalen Aspekte
der freien Marktwirtschaft erhalten, durchaus berechtigt, so die Meinung vieler
Ökonomen.

In diesem Zusammenhang findet das Buch „Nudge – Wie man kluge Entscheidungen anstößt" von Sunstein und Thaler (2015) große Beachtung. Nudge
ist das englische Wort für ‚Schubs' und soll, wie oben bereits erwähnt, einen
solchen in die richtige Richtung bezeichnen. Lässt man den Menschen nach dem
Setzen von Nudges einen freien Handlungsspielraum und gibt nur eine gewisse
Entscheidungsrichtung vor, spricht man von Libertärem Paternalismus. Das
Modell des Libertären Paternalismus findet nicht nur Anhänger. Kritiker sind
der Meinung, dass man nicht bei jeglichen Nudges davon ausgehen kann, dass
sie vom Entscheidungsarchitekten so getroffen werden und dass das Wohlbefinden der Individuen gesteigert wird. Dies kann durch unterschiedliche Interessen
der Entscheidungsarchitekten und der Nudge-Empfänger oder durch die falsche
Annahme dessen, was für das Allgemeinwohl am besten ist, hervorgerufen werden. Ferner sehen sie das Prinzip der Konsumentensouveränität verletzt.

Der Essay hat das Ziel der systematischen Aufarbeitung mit den Autoren
dieses Modells. Dabei werden die im Grunde genommen divergierenden wirtschaftlichen Konzepte des Liberalismus und des Paternalismus genauer definiert,
danach erfolgt eine Erläuterung des Libertären Paternalismus. Im darauffolgen-
den Kapitel wenden wir uns der Frage zu, ob wirtschaftliche Akteure tatsächlich
rationales Handeln an den Tag legen und zum Schluss werden die Anwendung
von Nudges und mögliche Gefahren durch sie thematisiert.

Liberalismus versus Paternalismus

Wenn man die Definitionen der Begriffe Liberalismus und Paternalismus
betrachtet, erhält man grundsätzlich gegensätzliche Konzeptionen. Der Liberalismus fußt auf der individuellen Freiheit und Selbstverantwortung der einzelnen Bürger einer Gesellschaft. Freie Marktwirtschaft und Freihandel sind zwei
wesentliche Begriffe des Liberalismus. Denn nur wenn die Freiheit wirtschaftlicher Betätigungen gewährleistet ist, kann auch politische Freiheit realisiert
werden, so die Vertreter des Liberalismus. Institutionelle Neuerungen entstehen
durch spontanes Handeln der Menschen. Es setzen sich jene Neuerungen durch,
die sich als am zweckdienlichsten erweisen. (Piekenbrock 2009: 262)

Im Gegensatz dazu steht der Paternalismus. Im Paternalismus legt der Staat
Maßnahmen oder Regelungen für seine Bürger fest. Oberstes Prinzip dabei ist,

diese zum Wohl des Einzelnen zu setzen und ferner den Einzelnen gegen Entscheidungen zu schützen, die ihm selbst schaden. Diese Maßnahmen werden jedoch oftmals gegen den Willen der einzelnen Bürger gesetzt oder zumindest ohne deren Einverständnis. Da in einem Staat viele einzelne Individuen mit verschiedenen Interessen und Präferenzen interagieren, kann nicht auf die einzelnen Interessen und Präferenzen des Bürgers Bedacht genommen werden, sondern auf das Allgemeinwohl. (KIT 2008: 2f). Paternalistische Handlungen greifen in die Freiheit einer Person ein. Sie zielen jedoch darauf ab, das Wohl und/oder die Interessen des Einzelnen zu fördern. Derjenige, der paternalistisch handelt, hat die Absicht, das Wohl des Paternalisierten zu erhalten bzw. zu fördern und nicht lediglich das Wohl Dritter. Beispiele für paternalistische Handlungen des Staates sind zum Beispiel die Sozialversicherungspflicht, die Gurtpflicht beim Autofahren, die Schulpflicht und viele mehr (Dübler 2013: 4). Wie können also diese beiden Konzepte zu einer Begrifflichkeit vereint werden?

Libertärer Paternalismus

Für Sunstein und Thaler müssen dazu als erstes eine falsche Annahme und Missverständnisse beseitigt werden. Ersteres beruht auf der Annahme, dass Individuen in jeder Phase ihres Lebens Entscheidungen treffen, die in ihrem besten Interesse sind. Für sie ist diese Annahme schlichtweg falsch. In vielen Situationen sind Entscheidungen von Akteuren, die andere Akteure beeinflussen, schlicht und ergreifend notwendig. Als Beispiel dafür nennen die beiden Autoren Entscheidungen, die man als Leiter einer Kantine zu treffen hat. Die Reihenfolge, in der die Lebensmittel platziert werden, beeinflusst die Entscheidung der Konsumenten. Dazu hat der entscheidende Akteur drei Auswahlmöglichkeiten. Die Lebensmittel können so platziert werden, dass (1) nach Befinden des Platzierenden die Kunden den größten Nutzen erhalten, (2) sie wahllos platziert werden können oder (3) die Kunden so korpulent wie möglich werden. Es stellt sich heraus, dass die Wahl der ersten Option paternalistisch ist. Auch würden wohl die wenigstens Menschen für die letzten beiden Optionen eintreten. Ein Missverständnis entsteht dadurch, dass Paternalismus immer mit Zwängen in Verbindung gebracht wird. Wie im obigen Beispiel ersichtlich wird, wird niemandem durch die Platzierung der Lebensmittel aufgezwungen, welche Wahl er zu treffen hat. Würde es jemand ablehnen, wenn Obst vor den Süßigkeiten platziert und dadurch erreicht wird, dass sich die Kunden der Kantine gesünder ernähren? Offensichtlich nicht (Sunstein und Thaler 2003a: 175).

Ein wichtiger Aspekt ist, dass durch libertären Paternalismus zwar kognitive ‚Kosten' entstehen können, jedoch keine materiellen Kosten entstehen dürfen

(Sunstein und Thaler 2015: 19). Für Thaler und Sunstein ist somit ein gewisses Ausmaß an Paternalismus durchaus vertretbar, wenn niemand zu seinen
endgültigen Entscheidungen gezwungen wird. Nach ihrem Befinden müssten
sogar die größten Verfechter des Liberalismus dieser Meinung zustimmen. Das
obige Beispiel stellt demnach einen klaren Fall von libertärem Paternalismus dar
(Sunstein und Thaler 2003a: 175).

Handeln wirtschaftliche Akteure rational?

In ökonomischen Modellen wird davon ausgegangen, dass wirtschaftlich den-
kende Menschen (Homo Oeconomicus) die Fähigkeit besitzen, uneingeschränkt
rational zu handeln, lückenlose Information über sämtliche Entscheidungsalter-
nativen zu haben und vollkommene Markttransparenz vorherrscht (Piekenbrock
2009: 184). Für Thaler und Sunstein besteht wenig empirische Untermauerung
für diese Theorie. Ferner bezeichnen sie die Annahme, dass Menschen in jeder
Situation Entscheidungen treffen, die ihr persönliches Wohlbefinden bzw. ihren
persönlichen Nutzen maximieren, als schlichtweg falsch (Sunstein und Thaler
2003b: 1.167). Sie unterscheiden zwischen dem Homo Oeconomicus, bezeichnet als *Econ*, und dem, wie sie es nennen, fehlerhaften, aber echten Menschen,
bezeichnet als *Human* (Sunstein und Thaler 2015: 16–17). Allein die Tatsache,
dass Rauchen und Alkoholkonsum jährlich eine hohe Zahl an Todesopfern verursachen, zeigt, dass die meisten Menschen sogenannte Humans sind. Menschen wenden Heuristiken an, die sie zu systematischen Fehlern führen, haben
inkompatible Präferenzen, haben Probleme bezüglich ihrer Selbstbeherrschung
und treffen unterschiedliche Entscheidungen für dasselbe Problem, wenn sich
die Rahmenbedingungen ändern (Sunstein und Thaler 2003b: 1.167–1.168).

   Kritiker bestreiten nicht, dass es irrationales Verhalten gibt. Forschungen
in der Verhaltensökonomie liefern dafür genügend Beweise. Was sie jedoch
bezweifeln ist, ob dieses Verhalten wirklich mit der nachteiligen Auswirkung auf
das Wohlbefinden der Menschen in Verbindung gebracht werden kann (Sugden
2008: 232).

Ist Paternalismus unumgänglich?

Wie das Kantinen-Beispiel suggeriert, sind in gewissen Situationen Planer oder
Entscheidungsarchitekten dazu gezwungen, bestimmte Entscheidungen zu tref-
fen. Die vom Planer getroffene Wahl nimmt somit eine Ausgangssituation oder
Standard-Option ein. In einer Welt mit vollkommen rationalen Akteuren hat die
Ausgangssituation wenig Auswirkungen auf das Handeln dieser, da sie ohnehin

über die für sie beste Wahl Bescheid wissen. In der Realität sieht dies jedoch anders aus. Individuen sind sehr stark auf den Status Quo bezogen. (Sunstein und Thaler 2003a: 176) In den USA sind die sogenannten 401k-Pläne eine wichtige Komponente der Altersvorsorge. Es handelt sich dabei um Investmentpläne, die vorsehen, dass Arbeitnehmer Teile ihres Arbeitseinkommens in Investmentfonds anlegen. Wie sollte jedoch die Standard-Option dieser Investmentpläne geregelt sein? Die Standard-Option wird gewählt, um Personen in gewisse Richtungen zu steuern und dadurch ihr Wohlbefinden zu steigern. So erfolgt eine sofortige Anmeldung (Standard-Option), doch die Entscheidung des Austretens oder eines Wiedereintretens bleibt offen, es steht jeder Person frei, dem Investmentplan weiter anzugehören oder nicht. Da also niemand zur Beibehaltung des Status Quo gezwungen wird, sollte nach Meinung von Thaler und Sunstein diese Form des Paternalismus auch für Anhänger des Liberalismus unbedenklich sein.

Anwendung von Nudges

Die Anwendung von Nudges wirft zwei Fragen auf: Unter welchen Bedingungen sollen sie gesetzt werden und wie sollen sie gesetzt werden? Um die erste Frage zu beantworten, schlagen Thaler und Sunstein eine Kosten-Nutzen-Analyse vor, um die vollen Auswirkungen von Nudges zu prüfen.

Auf die Frage wie die Nudges gesetzt werden sollen, bieten sie drei mögliche Methoden an.

(1) „The libertarian paternalist might select the approach that the majority would choose if explicit choices were required and revealed" (Sunstein und Thaler 2003a: 178). Sie bezeichnen diese Methode als die ‚Markt nachahmende' Methode. Obwohl sie diese für manche Situationen als durchaus wirkungsvoll erachten, haben sie auch Bedenken diesbezüglich. Die Wahloption der Mehrheit zu nehmen, muss nicht zwangsläufig bedeuten, dass diese für die Wohlfahrt der Mehrheit förderlich ist. Diese Methode sollte nur verwendet werden, wenn der Planer weiß, dass die Mehrheit die richtige Wahl trifft. (Sunstein und Thaler 2003a: 178)

(2) „The libertarian paternalist might select the approach that would force people to make their choices explicit" (Sunstein und Thaler 2003a: 178). Diese Methode könnte angewendet werden, wenn die erste nicht fruchtet. Die Gefahr bei dieser Methode besteht jedoch darin, dass möglicherweise die falschen oder inadäquaten Auswahlmöglichkeiten bereitgestellt werden.

(3) „The libertarian paternalist might select the approach that minimizes the number of opt-outs" (Sunstein und Thaler 2003a: 178). Sprich: diese

Methode soll angewandt werden, wenn nur Wenige den Anreiz sehen, die
für sie gewählten Entscheidung umzukehren.

Fazit

Die Annahme, dass wirtschaftliche Akteure zu jedem Zeitpunkt rationale Handlungen vollführen und vollständig kohärente Präferenzen besitzen, mag in der
Theorie in vielen wirtschaftlichen Modellen nützlich sein, um die systematischen Abläufe der verschiedenen wirtschaftlichen Systeme zu verstehen. In der
Realität handelt aber die Mehrheit der Menschen nicht, wie dies in Lehrmodel-
len angenommen wird, weil sie eben, wie es Sunstein und Thaler bezeichnen,
Humans mit all ihren Fehlern sind. Humans haben Großteils inkohärente Präferenzen, handeln situationsabhängig, lassen sich von den Rahmenbedingungen
beeinflussen und vieles mehr. Dies ist schon ein erster Hinweis darauf, dass in
manchen Situationen das Konzept des libertären Paternalismus durchaus seine
Berechtigung besitzt. Für Thaler und Sunstein ist es in vielen Fällen schlicht und
einfach erforderlich, dass Entscheidungsarchitekten den Status Quo oder die
Standard-Option vorgeben. Ob dies nun bei vergleichsweise harmlosen Sach-
verhalten wie der Lebensmittelanordnung in Kantinen oder bei komplexeren
Entscheidungen auftritt, ist sekundär. Wichtig ist dabei, dass jedem trotzdem
das Recht eingeräumt wird, sich anders zu entscheiden. Die Schlussfolgerungen
von Sunstein und Thaler lassen einigen Interpretationsspielraum offen. Es kann
einen erheblichen Unterschied machen, von wem die Nudges gesetzt werden.
Im Falle der Kantine: Die Kantine einer staatlichen Schule wird mit Sicherheit
andere Zielsetzungen und Intentionen haben als eine Kantine von einem privaten Unternehmen. Kritiker zeigen vor allem zwei große Gefahrenherde auf: Zum
einen kann ein Entscheidungsarchitekt, auch wenn er nach bestem Wissen und
Gewissen handelt, oftmals trotzdem die falschen Entscheidungen treffen und die
Paternalisierten in falsche Bahnen leiten. Zum anderen können Entscheidungs-
architekturen auch arglistig eingesetzt werden und dadurch die Paternalisierten
bewusst in falsche Bahnen leiten.

Zum Schluss stellen sich die Fragen: Wie sollen Nudges gesetzt werden und
wann sollen sie gesetzt werden? Nach Sunstein und Thaler ist das Hauptkrite-
rium für das Setzen von Nudges, dass der Nutzen die Kosten übersteigt. Ferner
sollen Nudges gesetzt werden, wenn der Nutzen einer gesetzten Handlung erst
einige Zeit später eintritt, wenn die Situation einen gewissen Schwierigkeitsgrad
besitzt, wenn Situationen nur sehr selten vorkommen und man kein Feedback
für die getroffenen Entscheidungen erhält.

Anhand der genannten Argumentationen von Thaler und Sunstein wird ersichtlich, dass in bestimmten Situationen durchaus ein gewisses Maß an libertärem Paternalismus notwendig ist. Irgendjemand muss die Standard-Option festlegen. Schlussendlich soll libertärer Paternalismus dazu führen, sofern er mit den richtigen Intentionen praktiziert wird, dass der Planer alles in seiner Macht Stehende unternimmt, um die richtigen Entscheidungen im Sinne seiner Paternalisierten zu treffen. Nudges können in vielen Bereichen des täglichen Lebens Entscheidungen erleichtern und trotzdem die freie Entscheidungsgewalt des Einzelnen weiterhin gewährleisten. Wird durch wohl durchdachten libertären Paternalismus das Wohl des Einzelnen erhöht, erhöht dies ergo auch das Allgemeinwohl.

Literatur

Dübler, D. (2013): ,Lassen sich die moralischen Grenzen des Paternalismus durch Prinzipien bestimmen?', Preprints and Working Papers of the Centre for Advanced Study in Bioethics, WWU Münster 2013/58. < https://www.uni-muenster.de/> Zugriff: 11.02.2017

KIT – Karlsruher Institut für Technologie (2008): ,Staatlicher Paternalismus. Überwachung des öffentlichen Raumes'. <https://dbis.ipd.kit.edu/download/ SS08_DUG_Goldberg_StaatlPat.pdf> Zugriff 11.02.2017.

Piekenbrock, D. (2009): ,Gabler Kompakt-Lexikon. Volkswirtschaftslehre'. 3. Auflage. Wiesbaden: GWV Fachverlage.

Sugden, R. (2008): 'Why incoherent preferences do not justify paternalism'. In: Constitutional Political Economy, 19 (3), pp. 226–248. doi: 10.1007/s10602-008-9043-7.

Sunstein, C. und Thaler, R. (2003a): 'Libertarian Paternalism'. In: American Economic Review, 93(2) pp. 175–179. doi: 10.1257/000282803321947001.

Sunstein, C. und Thaler, R. (2003b): 'Libertarian Paternalism Is Not an Oxymoron'. In: The University of Chicago Law Review, 70(4) pp. 1.159–1.202. <https://www.aeaweb.org/articles?id=10.1257/000282803321947001> Zugriff: 17.2.2017

Sunstein, C. und Thaler, R. (2015): ,Nudge. Wie man kluge Entscheidungen anstößt', 5. Auflage. Berlin: Ullstein Buchverlage.

Patrick Diel*

Der Europäische Binnenmarkt. Eine kritische Bewertung des neoliberalen Projekts

Abstract: Based on a critical evaluation of what has been realized with the single European Market against its original purpose, it is argued that it is neoliberal capitalism that causes current economic crisis and not the idea of a transnational market.

Keywords: dergulation, privatization, nationalism

Einleitung

Aus Sicht der Europäischen Kommission gilt der Europäische Binnenmarkt als eine der wichtigsten Errungenschaften Europas, um in Zeiten zunehmender Globalisierung über den freien Personen-, Waren-, Dienstleistungs- und Kapitalverkehr ein gesteigertes Wachstum mit mehr Arbeitsplätzen innerhalb einer stärkeren und gerechteren Wirtschaft zu garantieren.

Beobachtet man jedoch das aktuelle wirtschaftliche und politische Geschehen, ist in Europa entgegen den Erwartungen der Europäischen Kommission nicht nur eine zunehmende Ungleichheit im Rahmen einer Spaltung in Zentrum und Peripherie zu beobachten. Weiterhin scheint der europäische Wettbewerb immer mehr von Deregulierungen und Privatisierungen beherrscht zu sein, unter welcher sich die Länder der Peripherie weiter verschulden und exportorientierte Großunternehmen die Märkte für sich gewinnen. Die Arbeitsmärkte werden zunehmend von Lohn-, Sozial- und Steuerdumping beeinflusst und sozialstaatliche und ökologische Errungenschaften scheinen dem Wettbewerbsprinzip nach und nach weichen zu müssen.

Wie konnte es überhaupt zu solchen Entwicklungen kommen und welche Rolle spielt dabei die Einbettung des Projekts in ein neoliberales Paradigma? Hat der Europäische Binnenmarkt sein Versprechen für mehr Wachstum, Beschäftigung und Wohlstand überhaupt einhalten können und wie könnte die weitere Entwicklung aussehen?

Ursprünge, Entwicklung und Charakteristika des Europäischen Binnenmarkts

Die Ursprünge des Europäischen Binnenmarktes finden sich bereits im Jahr 1957, als im Rahmen des Vertrags von Rom die sechs EU-Gründerstaaten Belgien, Deutschland, Frankreich, Italien, Luxemburg und die Niederlande die Grundlage zur Einführung der European Economic Community und später der Europäischen Union schufen. Mit der Unterzeichnung dieses Vertrags sollten im Zuge einer europäischen Integration die Zölle schrittweise abgeschafft und der freie Verkehr von Waren, Dienstleistungen, Kapital und Personen zwischen den Mitgliedsstaaten ermöglicht werden. Realität wurde der gemeinsame Markt zunächst in Form einer Zollunion, der Implementierung des Schengener Abkommens sowie der Unterzeichnung der Europäischen Akte als Grundstein notwendiger legislativer Maßnahmen für den Binnenmarkt. Mit der Unterzeichnung des Vertrags von Maastricht von inzwischen zwölf Mitgliedsstaaten am 7. Februar 1992 wurde zum 1. November 1993 der Europäische Binnenmarkt etabliert und die Grundvoraussetzung für eine ökonomische und politische Konvergenz der Mitgliedsstaaten geschaffen (European Commission 2010).

Seit je her lassen sich innerhalb der Gestaltung des Binnenmarktes die Merkmale strenger neoliberaler Wirtschaftspolitik wiederfinden. So wird beispielsweise nicht nur eine stärkere Präsenz europäischer Unternehmen auf den Wachstumsmärkten, die Beseitigung aller „nicht-tarifären Handelshemmnisse", zu denen auch Umwelt- und arbeitsrechtliche Standards gehören, niedrigere Steuern für Unternehmen, die Öffnung bisher abgeschirmter und geschützter Sektoren und somit auch eine Privatisierung öffentlicher Dienstleistungen und Güter gefordert (European Commission 2016). Darüber hinaus wird die Erschließung und Liberalisierung der lukrativen Märkte für öffentliche Aufträge angestrebt, die Effizienz der gemeinschaftlichen Waren-, Dienstleistungs- und Kapitalmärkte gestärkt, und wettbewerbsfeindliche Praktiken und Steuerschranken für grenzüberschreitende Tätigkeiten werden angeprangert (Europäische Kommission 1999: 12). Für den Beitritt in die Währungsunion müssen strenge Konvergenzkriterien erfüllt werden, was insbesondere die wirtschaftlich schwächeren Länder dazu zwingt, öffentliche Unternehmen und Güter zu privatisieren und in Gefahr zu laufen, auf Basis von neoliberalen Strukturreformen der Markteffizienz einen höheren Stellenwert als der sozialen Gerechtigkeit beizumessen (Brand 2008: 1000). Daraus folgte eine radikale Umstrukturierung der Wirtschafts- und Sozialsysteme im Rahmen neuer neoliberal-konservativer Grundsätze. Gleichzeitig konnten mit der Einführung der einheitlichen Währung strukturelle Veränderungen der Wettbewerbsfähigkeit nicht mehr durch

die Änderung der Wechselkurse aufgefangen werden, wodurch sich zunehmende Ungleichheiten in den Leistungsbilanzen der Länder zum Nachteil der
wirtschaftlich schwachen Länder ergaben (Reichel 2002: 362).

Fortschritt und Wohlstand innerhalb der EU werden somit nach all den
Reformen und Verträgen zur Gestaltung des Binnenmarktes nur dann erreicht,
wenn das Ordnungsprinzip von Wirtschaft und Gesellschaft durch einen unein-
geschränkten Wettbewerb zwischen verschiedenen konkurrierenden Marktteil-
nehmern geprägt wird.

Im Zuge dessen beherrscht der Glaube an den allregulierenden Markt die
EU-weite Politik der Liberalisierung, Deregulierung und Privatisierung. Ein
freier Markt, Wettbewerb und Konkurrenz als Ordnungsprinzip von Wirtschaft
und Gesellschaft scheinen die Grundvoraussetzungen für Produktivität, Fortschritt, Wachstum und Wohlstand zu sein. Ein staatliches Eingreifen wird nur
dann gefordert, wenn eine ordnungspolitische Sicherung des freien Wettbewer-
bes nötig erscheint. Innerhalb dieses Paradigmas sind nur jene Marktteilnehmer
zukunftsfähig, die möglichst kapitalistisch mit einem maximalen Gewinnstre-
ben agieren (Brand 2008: 998).

Eine damit einhergehende Ungleichheit im Rahmen einer Spaltung in Zentrum und Peripherie, Lohn-, Sozial- und Steuerdumping sowie dem Zurück-
drängen sozialstaatlicher und ökologischer Errungenschaften scheinen somit
eine logische Konsequenz des neoliberalen Paradigmas zu sein. Entsprechende
Entwicklungen werden in Kauf genommen, um den Europäischen Binnenmarkt
zum wettbewerbsfähigsten Wirtschaftsraum der Welt zu transformieren.

Mehr Wachstum, Beschäftigung und Wohlstand für alle?

Doch selbst das Versprechen für mehr Wachstum, Beschäftigung und Wohlstand konnte, wenn überhaupt, nur teilweise erfüllt werden.

Zur Untersuchung der potenziellen Auswirkungen des Europäischen Binnenmarktes wurde bereits 1988 von der Europäischen Kommission ein Exper-
tenteam von neun Ökonomen eingesetzt, die rund um den Vorsitzenden der
Generaldirektionen Binnenmarkt, Wirtschaft und Finanzen, Paolo Cecchini,
den Cecchini-Bericht veröffentlichten. Im Bruttoinlandsprodukt ausgedrückt,
wurden die Effekte der Binnenmarktrealisierung für die teilnehmenden Volkswirtschaften im wahrscheinlichsten Szenario auf eine Zunahme von im Schnitt
4,5 Prozent innerhalb der ersten fünf Jahre geschätzt, während das Preislevel
parallel um im Schnitt sechs Prozent sinken sollte. Weiterhin wurde die Schaf-
fung von rund 1,8 Millionen zusätzlichen Jobs sowie die Dämpfung der Infla-
tionskräfte um 6,1 Prozent vorhergesagt (Emerson et al. 1988: 5). Bereits 1992

beauftrage der Ministerrat die Europäische Kommission, eine Analyse der Auswirkungen des Binnenmarktes vorzulegen. Innerhalb des Zeitraumes von 1994
bis 1996 wurden daraufhin im Zuge des sogenannten Single Market Review-
Prozesses 39 sektorale und maßnahmenspezifische Evaluationen der Effekte der
Einführung des Europäischen Binnenmarktes durchgeführt. Im Rahmen dieser
Evaluationen wurden unter anderem 13.500 europäische Unternehmen befragt
und 1997 unter dem Titel „The Single Market and Tomorrow's Europe" veröf-
fentlicht. Bereits hierbei zeigte sich, dass die 1988 veröffentlichten potenziellen
Auswirkungen des Europäischen Binnenmarktes innerhalb des Cecchini-Be-
richtes nicht erfüllt werden konnten.

Die Zahl der zusätzlichen Arbeitsplätze blieb mit einer großzügig ermittelten
Spanne von 300.000 bis 900.000 weit unter den prognostizierten 1,8 Millionen.
Auch das Wachstum, gemessen am Bruttoinlandsprodukt, erfüllte mit etwas
über einem Prozent nicht annähernd die prognostizierten 4,5 Prozent. Gleich-
zeitig verzeichnete die Inflationsrate einen Rückgang von nur einem bis 1,5
Prozent und somit gut 4,5 Prozent weniger, als berechnet (Ziltener 2004: 962).
Zu kritisieren ist dabei, dass sämtliche Verteilungsaspekte von Wachstum und
Beschäftigung außer Acht gelassen wurden. Auch die Frage, welche Arten von
Arbeitsplätzen entstanden und die Gefahr eines sozialen Dumpings, fanden
in den Berechnungen keine Berücksichtigung, was auch auf die neoliberalen
Grundannahmen eben jener schließen lässt (Maurer 1993: 88).

Die Bertelsmann-Stiftung entwickelte im Rahmen des Projekts „Global Economic Dynamics" zum besseren Verständnis der wachsenden Komplexität globaler
Wirtschaftsentwicklungen im Jahr 2014 einen Integrationsindex für die Länder des
Europäischen Binnenmarktes, um Aussagen über den wirtschaftlichen Zustand
der Mitgliedsländer des Binnenmarktes zu treffen. Dieser Index berücksichtigt
die thematischen Indikatoren ‚Wirtschaftliche Verflechtungen', ‚Homogenität des
Wirtschaftsraums' und ‚Konjunktursymmetrie' (Böhmer et al. 2014: 10). Trotz der
räumlichen Disparitäten lässt sich hierbei zunächst festhalten, dass die meisten
europäischen Länder zumindest volkswirtschaftlich vom Europäischen Binnenmarkt seit 1992 profitieren konnten (Böhmer et al. 2014: 20). Insbesondere die
Kernländer weisen das größte Wachstum durch den Europäischen Binnenmarkt,
gemessen am Bruttoinlandsprodukt je Einwohner, auf, während die südlichen Länder zumindest einen geringen Anstieg verzeichnen können (Böhmer 2014: 26).

Hierbei sollten jedoch einige Aspekte beachtet werden: Das Bruttoinlandsprodukt als Maß für die Summe der Einkommen der in einem Jahr hergestellten Güter und Dienstleistungen ist nicht mit Wohlstand gleichzusetzen. Es
berücksichtigt keine zunehmend ungleiche Verteilung des Einkommens oder
der Wohlstandsminderungen in Form von ökologischen Zerstörungen während

des Wertschöpfungsprozesses. Negative Begleiterscheinungen des Wachstums finden somit keine Berücksichtigung. (Seidl 2010: 29). Weiterhin sagt die Zahl der neuen Beschäftigungsmöglichkeiten nichts über deren räumliche Verteilung oder die Qualität der Arbeit aus (Maurer 1993: 88). Nicht zuletzt finden regionale Disparitäten in der Beschäftigungsquote oder im Bruttoinlandsprodukt keine Berücksichtigung und fließen stattdessen in einen auf nationaler Ebene erstellten Durchschnittswert. Auf Basis dessen stellt sich zurecht die Frage, ob die verhältnismäßig geringen Wachstumseffekte den gezahlten ‚Preis‘ des Europäischen Binnenmarktes im Sinne der neoliberalen Umstrukturierung von Wirtschafts- und Sozialsystemen rechtfertigen.

Was bleibt festzuhalten und wie geht es weiter?

Der Europäische Binnenmarkt unterliegt seit seiner Gründung neoliberalen Grundprinzipien, die eine Sicherstellung der vier Grundfreiheiten des freien Waren-, Personen-, Dienstleistungs- und Kapitalverkehrs garantieren. Dies basiert auf der Vorstellung, dass ein von Staat, Politik, Regulierungen und Sozialreformen freier Markt als Ordnungsprinzip von Wirtschaft und Gesellschaft die Grundvoraussetzung für Produktivität, Fortschritt, Wachstum und Wohlstand ist. Für die langfristige Durchsetzung und dauerhafte Stabilisierung des freien Marktes vollzog die EU dabei eine Politik der Liberalisierung, Deregulierung und Privatisierung. Die selbst gesteckten Erwartungen der Europäischen Kommission wurden dabei jedoch verfehlt. Das Wachstum beschränkte sich größtenteils auf die Kernländer, und die von der Kommission genannten Wachstumsparameter konnten keine Aussagen über die regionale Verteilung des Einkommens, die räumliche Verteilung oder die Qualität der Beschäftigung, zunehmende Ungleichheiten innerhalb der Nationalstaaten sowie eine Wohlstandsminderung in Form von ökologischen Zerstörungen während des Wertschöpfungsprozesses treffen.

Bei der Beobachtung von zunehmenden sozialen und räumlichen Disparitäten, einem Lohn- und Sozialabbau, vermehrten Privatisierungen für eine Erweiterung der privaten Anlagefelder mit der Zerschlagung der Arbeitnehmerrechte und letztlich eine Unterordnung der Gesellschaft unter Profitinteressen entpuppt sich die neoliberale Doktrin des Binnenmarkts als das Hauptproblem. Dies hängt damit zusammen, dass der Neoliberalismus als komplexe Ideologie mit der Illusion der ewig währenden Prosperität nicht nur in Form eines Wirtschaftssystems agiert, sondern auch gesellschaftliche Prozesse und Ordnungen innerhalb des jeweiligen Wirtschaftsraums strukturiert.

Obwohl in dieser Ideologie die Freiheit des Menschen einen hohen Wert innehat, lässt sich paradoxerweise die Unterwerfung der Menschen – im Namen der Freiheit – unter die Marktkräfte beobachten. Dies könnte in naher Zukunft zu einer weiteren Zerstörung des traditionellen Arbeitssystems, der prekären Verteilungsverhältnisse, ökologischen Zerstörungen, der Ausbeutung innerhalb einer Profitwirtschaft bis hin zu einer Hochrüstung der Sicherheit und sozialen Unruhen führen. Die Europäische Union läuft somit Gefahr, aus der Summe der vielen Ungleichheiten langfristig in eine existenzielle Krise abzurutschen.

Eine Forderung nach einem sofortigen Bruch mit dem neoliberalen Paradigma im Rahmen alternativer Wirtschaftssysteme erscheint dabei jedoch zu kurz gedacht. Hierbei werden zentrale Fragen nicht eingehend berücksichtigt: Wann, wie und durch wen lassen sich alternative Wirtschaftsmodelle überhaupt durchsetzen? Die aktuelle EU-Rechtsordnung sieht keinen direkten Einfluss der EU-Bürger vor. Selbst im unrealistischen Fall, dass eine große Mehrheit der EU-Länder für eine Änderung der Unionsverfassung im Sinne wirtschaftlicher Alternativmodelle stimmen würde, reicht bereits das Veto eines der 28 EU-Länder, um eine Verfassungsänderung zu verhindern. Darüber hinaus wäre wohl weder das wirtschaftliche, noch das politische System in der Lage, die notwendigen Transformationsprozesse von heute auf morgen zu tragen, ohne in existenzielle Krisen abzurutschen.

Die europäische Idee deswegen als Ganzes zu hinterfragen und sich auf nationalstaatliche Lösungen zu konzentrieren, ist jedoch als äußerst kritisch zu betrachten. An dieser Stelle sollte betont werden, dass die genannten negativen Entwicklungen innerhalb des europäischen Raums nicht dem Binnenmarkt selbst, sondern unmittelbar dem neoliberalen Paradigma und seinen Prämissen von Markt und Wettbewerb im Bereich der Ökonomie und der Beeinflussung der sozialen und politischen Ebene anzurechnen sind. Der europäische Gedanke sichert unserer Gesellschaft seit der Implementierung außerhalb der Wirtschaftssysteme Frieden, Sicherheit, Freiheit und Völkerverständigung.

Umso wichtiger erscheint es, den vergleichsweise negativen Aussichten und den aktuell auftretenden populistischen Tendenzen mit einer Neuauflage nationalistischer Antworten auf transnationale Probleme über intelligente demokratische Prozesse Einhalt zu gebieten. Lokale Bewegungen, beispielsweise über gewerkschaftliche Arbeitskämpfe, und der Wunsch nach Veränderungen innerhalb einer breiten Masse der Bevölkerung, könnten eine internationale Wirtschaftsdynamik entwickeln, welche einen ökologisch orientierten Kapitalismus mit dem Streben nach sozialer Gerechtigkeit und demokratischer Regierungspraxis befürwortet und bis in die politischen Entscheidungsebenen hineintragen wird. Selbst die Implementierung keynesianischer Elemente, wie die Verstaatlichung des Finanzsektors zur Unterdrückung der Finanzspekulationen und der Macht des fiktiven Kapitals, wären so langfristig denkbar. Dabei würde letztlich auch die Null-Zins-Politik der Europäischen Zentralbank wieder sinn-voll erscheinen, da das Geld nicht mehr in der Akkumulierung des Finanzkapitals seine Verwendung findet, sondern das Profitstreben sich auf die Realwirtschaft konzentriert. Letztlich kann also nur der demokratische Weg eine Grundlage für eine verantwortungsvolle und langfristige Transformation vom neoliberalen Paradigma hin zu einer ausgereiften, internationalistisch ausgerichteten und solidarischen Sozialpolitik sowie einer Integration EU-weiter Umwelt- und Arbeitsschutzrichtlinien darstellen. Nur so kann gesamte wirtschaftliche Tätigkeit wieder zum Wohle der Gemeinschaft gestaltet werden.

Literatur

Böhmer, M., Weisser, J. und Drechsler, K. (2014): ‚*Bertelsmann Stiftung: 20 Jahre Binnenmarkt. Wachstumseffekte der zunehmenden europäischen Integration'*. <https://www.bertelsmann-stiftung.de/de/publikationen/publikation/did/20-jahre-binnenmarkt/>. Zugriff: 23.01.2017.

Brand, M. (2008): ‚Die Europäische Nachbarschaftspolitik – ein neoliberales Projekt?'. *Utopie Kreativ. Diskussionen sozialistischer Alternativen, 214,* S. 998–1006.

Emerson, M., Aujean, M., Catinat, M., Goybet P. und Jacquemin A. (1988): '*An assessment of the potential economic effects of completing the internal market of the European Community'*. Oxford, Oxford University Press, 218S.

Europäische Kommission (1999): ‚*Die Strategie für den europäischen Binnenmarkt. Mitteilung der Kommission an das Europäische Parlament und den Rat'*. <https://ec.europa.eu/commission/priorities/internal-market_de>. Zugriff: 25.01.2017.

European Commission (2010): '*20 years of the European Single* Market'. <https://ec.europa.eu/commission/priorities/internal-market_en>. Zugriff: 25.01.2017.

European Commission (2016): '*EU trade policy'*. < http://ec.europa.eu/trade/policy/index_en.htm > Zugriff: 26.01.2017.

Maurer, A. (1993): ‚*Die europäische Antwort auf die soziale Frage. Eine Analyse zur europäischen Binnenmarktdynamik und ihrer sozialpolitischen Implikationen'*. Marburg, Tectum-Verlag.

Reichel, R. (2002): ‚*Ökonomische Theorie der internationalen Wettbewerbsfähigkeit von Volkswirtschaften'*. Wiesbaden, Deutscher Universitäts-Verlag.

Seidl, I. (2010): ‚*Postwachstumsgesellschaft. Konzepte für die Zukunft (Ökologie und Wirtschaftsforschung)'*. Weimar, Metropolis-Verlag.

Ziltener, P. (2004): 'The economic effects of the European Single Market Project: projections, simulations – and the reality'. *Review of International Political Economy, 11* (5), pp. 953–979.

Georg Auernheimer

Degrowth-Bewegung und politische Bildung

Abstract: Instead of maximizing profits and outsourcing social costs, concepts of degrowth should be considered in a more prominent way in order to cope adequately with contemporary economic crisis. In so doing, education of sustainability is a sufficient precondition.

Keywords: long-term development, progress and growth, capitalistic imperatives

Die Grenzen des Wachstums

Seit rund einem Jahrzehnt erinnern WissenschaftlerInnen wieder an die Grenzen des Wachstums, auf die schon 1972 eine Studie im Auftrag des Club of Rome die Weltöffentlichkeit aufmerksam gemacht hatte (Meadows und Meadows 1972). 1992 war dann auf der UNO-Konferenz für Umwelt und Entwicklung in Rio des Janeiro die Agenda für eine nachhaltige Entwicklung verabschiedet worden. Dort ging man noch vertrauensvoll von der Möglichkeit eines ‚nachhaltigen Wirtschaftswachstums' aus, obwohl sich damals mit der endgültigen Globalisierung der kapitalistischen Produktionsweise gerade deren Entfesselung vollzog. Entwickelt werden sollten Wachstumskonzepte, „die in geringerem Maße von den endlichen Ressourcen der Erde abhängig sind und mit der Tragfähigkeit der Erde in größerer Harmonie stehen" (Vereinte Nationen 1992: 21, Absatz 4.11). Man setzte auf die Entwicklung von Energie-, Rohstoff- und Materialeffizienz. Damals glaubte man sogar noch, „Synergien zwischen Wirtschaftswachstum und Umweltschutz herstellen" (Vereinte Nationen 1992: 5, Absatz 2.9 und 311, Absatz 33.6) zu können.

Diese Zuversicht schwindet inzwischen in der wachstumskritischen Literatur. Im deutschsprachigen Raum hat besonders Elmar Altvater (2009) die Wachstumskritik befeuert mit dem Nachweis, dass die fossilen Energieträger – das Lebenselixier der kapitalistischen Produktionsweise – aufgrund der vom Wettbewerb getriebenen Expansionslogik früher oder später erschöpft sein werden, was „das Ende des Kapitalismus, wie wir ihn kennen" bedeuten wird. In romanisch-sprachigen Ländern hat sich unabhängig von der marxistischen Traditionslinie ein Netzwerk von wissenschaftlichen Einrichtungen, lokalen Projekten und AktivistInnen gebildet, das sich inzwischen als Decroissance- oder Degrowth-Bewegung versteht und artikuliert. Degrowth lässt sich schwer übersetzen. Norbert Nicoll (2016) spricht von „Wachstumsrücknahme". Schon die

Wahl des Begriffs sorgt für Diskussionsstoff, weil kontrovers ist, ob eine Reduktion des Wachstums ausreicht, um den Planeten zu retten.

Auf den jede kapitalistische Wirtschaft treibenden Wachstumsimperativ möchte ich im Folgenden kurz eingehen, bevor ich die Degrowth-Bewegung vorstelle. Da dort teilweise der Änderung der Konsumgewohnheiten und Mentalitäten und der Bewusstseinsbildung ein hoher Stellenwert zugesprochen wird, ergibt sich eine Verbindung mit pädagogischen Programmen. Inhaltliche Überschneidungen sehe ich vor allem mit der Umweltbildung und dem Globalen Lernen. Auf diese Ansätze und ihre Schwächen gehe ich im zweiten Teil ein.

Ein Wirtschaftssystem unter Wachstumszwang

Der Kapitalismus unterscheidet sich von allen früheren Produktionsweisen in der Geschichte der Menschheit dadurch, dass immer neue Güter auf den Markt geworfen, stets neue Bedürfnisse geweckt werden, dass nichts Bestand hat. Jeder wirtschaftliche Erfolg muss mit mehr Absatz und Umsatz getoppt werden. Stillstand ist tödlich. Die Antriebskraft ist das Privateigentum an den Produktionsmitteln, das auch den Wettbewerb bedingt. Daher ist die erweiterte Reproduktion das Spezifikum dieser Produktionsweise, im Unterschied zur einfachen Reproduktion, wie sie für alle Arten von Subsistenzwirtschaft charakteristisch war. Der Bauer säte und erntete und startete im folgenden Jahr mit dem aufgesparten Saatgut den gleichen Prozess. Jeder Produktionszyklus endete wie der Kreislauf des Jahres am Ausgangspunkt. Und auch der traditionelle Handwerker stellte nur so viel her, wie zum Erhalt, also zur Subsistenz, seiner Familie benötigt wurde. Wettbewerb mit anderen wurde allein schon von der Zunftordnung ausgeschlossen. Der Markt war strikt geregelt und hatte noch keinen großen Stellenwert. Die Abhängigkeit von Geld war mehr oder weniger beschränkt.

Die Geschäftsstrategie eines Unternehmers stellt sich dagegen, stark elementarisiert, ganz anders dar. (Wir vernachlässigen, dass im heutigen Shareholder-Kapitalismus höchstens noch mittelständische Unternehmen von einem Inhaber allein geführt werden). Wir stellen uns Folgendes vor: Unser Schulbuchkapitalist Herr Meier hat eine Geschäftsidee und Kapital, ergänzt um Kredite. Nach einer Marktanalyse, der Einstellung von Arbeitskräften und der Anschaffung der nötigen Maschinen oder Hardware beginnt die Produktion. Am Ende des Jahres hoffen wir mit Herrn Meier auf einen satten Gewinn. Den wird er nach Abzug von Steuern und Zinsen für die Erweiterung seines Unternehmens einsetzen. Vielleicht wird er mit neuen Krediten sein Kapital aufstocken und in neue Anlagen investieren, um schneller und mehr zu produzieren. Je mehr Erfolg er hat, desto eher wird er über Neuerungen nachdenken, eventuell über eine Erweiterung der Angebotspalette. Werbung wird helfen, neue Kunden zu finden und neue Bedürfnisse zu wecken. Die Geschichte des Unternehmens ließe sich nicht mehr wie früher in Kreisform darstellen. Sie hat die Form einer Spirale. Was da am Schulbuchkapitalisten modellhaft skizziert wurde, lässt sich auf die ganze Wirtschaft übertragen. Wachstum ist der zwingende Imperativ des Systems. Man konnte ihm einen revolutionären Charakter nicht absprechen. „Die Bourgeoisie kann nicht existieren, ohne die Produktionsinstrumente, also die Produktionsverhältnisse [...] fortwährend zu revolutionieren" (Marx und Engels 1972: 462). Das hat zweifellos den Reichtum hervorgebracht, den wir, d.h. die meisten von uns in den Industriestaaten, heute genießen. Auch wenn der Fortschritt stets mit ungeheuren menschlichen Opfern verbunden gewesen ist, er war immerhin mit technischen und sozialen Errungenschaften verbunden. Inzwischen ist aber Wachstum ohne Fortschritt zu verzeichnen. „Der Wachstumsbegriff usurpiert den Fortschrittsbegriff" (Altvater 2009: 99). Das wird schon am inhaltsleeren Indikator, dem Bruttoinlandsprodukt deutlich. Und das Wachstum stößt an seine Grenzen. Die Erschöpfung der Rohstoffe zeichnet sich ab, der Erdball ist überhitzt und die Schadstoffsenken schwinden. In der ökologischen Frage machen sich die systemimmanenten Schwächen dieses Wirtschaftssystems bemerkbar: der Zwang zur Profitmaximierung, die dadurch verschuldete Externalisierung von sozialen und ökologischen Kosten und das Konkurrenzprinzip.

Der Zwang zur Profitmaximierung verhindert ein langfristiges, weitschauendes Handeln, im heutigen Shareholder-Kapitalismus mehr denn je. Denn die Anteilseigner drängen auf rasche Gewinne. In dieser Eigenschaft kann der Einzelne das gesellschaftliche Ganze kaum im Auge haben. Die Externalisierung von sozialen und ökologischen Kosten ist eine Konsequenz der Profitorientierung. Der Chef einer Agrarinvestmentgesellschaft, die das Land rumänischer Kleinbauern aufkaufen will, meint: Um Erwerbsarbeit für die Landlosen muss sich später der Staat kümmern (Sambuchi 2012). Abwässer werden in die Flüsse geleitet, Rauch und Abgase ungefiltert hinaus geblasen, Böden mit Pestiziden verseucht, wenn der Staat nicht Regeln setzt und eine Kontrollfunktion wahrnimmt oder nicht wahrnehmen kann. Stefan Lessenich (2016) sieht die Strategie der Externalisierung sogar im globalen Maßstab angewandt. „Der westliche Wohlstandskapitalismus greift, getrieben von seinem Wachstumzwang, weltweit auf immer mehr und immer neue natürliche wie menschliche Ressourcen zu – und wälzt die Folgekosten dieser Expansionsbewegung auf seine Außenwelt ab. Dass ihm dies gelingt... liegt an seiner dominanten Position im Weltsystem, an der Verschränkung von ökonomischer und politischer Macht" (Lessenich 2016: 181).

Die Konkurrenz verschärft das Problem kurzsichtigen Wirtschaftens. Ein Beispiel: In einer Fernseh-Doku gestand der Kapitän eines Hochseetrawlers, dass
die Fischbestände überfischt seien. Aber sie könnten den Fang nicht einschrän-
ken, solange die Konkurrenz nicht die Fangquoten einhält. Entlarvend auch der
Einwand von U. Grillo, Vorsitzender des Bundesverbands der Deutschen Industrie (BDI), gegen die Vorschläge der deutschen Umweltministerin im November
2016: „Klimaschutz muss für unsere Unternehmen umsetzbar sein und sie wett-
bewerbsfähig halten". Das Gleiche nahm Donald Trump im Dezember 2016 für
die US-Konzerne in Anspruch. Die neoliberale Globalisierungspolitik hat auch
die Staaten in einen Wettbewerb miteinander gezwungen. Klimaschutzpolitik
wird damit erschwert.

Die von Gewinnmaximierung getriebene Konkurrenz zwischen Konzernen,
aber auch Staaten, erzwingt Wachstum. „Heute ist Wachstum in die gesellschaftlichen Verhältnisse [...] als faktischer Sachzwang eingeschrieben" (Altvater
2009: 108). Wenn die Konjunktur gar nicht anspringen will und die wirtschaftliche Stagnation säkular zu werden droht, wird auch Krieg in Erwägung gezogen.
„The lack of major wars may be hurting economic growth" (Cowen 2014). Wie
können wir uns von diesem zerstörerischen Sachzwang befreien?

Degrowth gegen Wachstumsimperativ

Zeitgleich mit den Warnungen des Club of Rome hat Anfang der 1970er Jahre der
Marxist André Gorz massive Zweifel an der Nachhaltigkeit des kapitalistischen
Systems geäußert, und Georgescu-Roegen erinnerte an das im 19. Jahrhundert
entdeckte Gesetz der Entropie, d.h. der Erschöpfung des Energiehaushalts. In
Frankreich wurden diese Fragen in universitären Zirkeln weiterverfolgt und
das Erfordernis der „decroissance" im Bewusstsein gehalten. Aber erst zwan-
zig Jahre später wurde diese Debatte in einer größeren Öffentlichkeit wieder
aufgenommen. 2002 kam es zur Gründung des Instituts zur Wirtschafts- und
Sozialforschung für nachhaltiges Degrowth in Lyon, und 2004 wurden in Frankreich Konferenzen und Aktionen zu dem Thema veranstaltet. Auch eine Zeitschrift wurde begründet. In 2006 folgten Initiativen in Italien und Spanien. 2008
gründeten WissenschaftlerInnen verschiedener Fachrichtungen das Institute of
Enviromental Science and Technology an der Autonomen Universität Barcelona
(D'Alisa, et al. 2016).

Verwunderlich kann man finden, dass diese überwiegend akademischen
Netzwerke zuerst in romanisch-sprachigen Ländern entstanden sind, wo doch
die Umweltbewegung gerade die politische Landschaft in den deutschsprachigen Ländern auszuzeichnen scheint. Aber erst 2014 wurde mit Unterstützung

der Rosa-Luxemburg-Stiftung eine Degrowth-Konferenz in Leipzig veranstaltet. Das war die vierte internationale Konferenz zu diesem Thema. Vorher war 2012 das Jenaer Forschungskolleg zur Postwachstumsgesellschaft ins Leben gerufen worden. Der schon erwähnte Soziologe Lessenich war daran beteiligt. Wichtige Personen in Sachen Degrowth sind der kürzlich verstorbene Elmar Altvater von der FU Berlin, Ulrich Brand von der Universität Wien und Niko Paech von der Universität Oldenburg. Altvater hatte als Marxist die Kapitalismusanalyse um das Entropie-Problem bereichert und sieht dieses Wirtschaftssystem auf fossile Energieträger gegründet. Erdöl ist aus seiner Sicht das kaum ersetzbare Lebenselixier dieses Systems. Ulrich Brand behandelt die Problematik stärker unter politikwissenschaftlicher Perspektive. Er zweifelt an der möglichen Versöhnung von Wirtschaftswachstum und Umweltschutz in einem ‚grünen Kapitalismus‘ und stellt somit ebenfalls die Systemfrage. Anders Niko Paech, der auf eine Kulturrevolution von unten vertraut, d.h. er wirbt für einen massenhaften Wandel des Lebensstils. Ziel ist ‚eine Kultur der Suffizienz‘, d.h. der Genügsamkeit (Eppler und Paech 2016: 194). Der Systemwandel könnte dann die Folge sein, so seine Zuversicht. In seiner Zukunftsvision versorgen sich kleine soziale Einheiten selbst. Im Idealfall werden sie zu ‚Prosumenten‘, die mit handwerklichem Geschick und dank sozialer Vernetzung die Industrieproduktion teilweise überflüssig machen (Eppler und Paech 2016).

Man sieht, dass die Infragestellung des Wachstumszwangs noch keine einheitliche Gegenstrategie impliziert. Aber nicht nur die Strategien, sondern die Ziele selbst sind different, weil auch die theoretischen Ansätze sehr unterschiedlich sind. „Auseinandersetzungen gibt es darum, [...] wie tief in das bestehende Gesellschaftsgefüge eingegriffen werden soll“ (Brand 2015: 2). Die Pluralität, teilweise auch Widersprüchlichkeit der Degrowth-Bewegung, soweit man von einer solchen schon sprechen kann, wird zum Beispiel am Degrowth-Handbuch deutlich (D'Alisa, et al. 2016). Ulrich Brand (2015: 12) urteilt: „Es gibt keine klaren Definitionen von Degrowth, sondern eher zentrale Anliegen und darin Stränge.“ Es sei noch angemerkt, dass der Diskurs über „Postextraktivismus“ in Südamerika ähnliche Ziele verfolgt, so dass seine Sprecher als Bündnispartner gesehen werden könnten. Dort geht es um die Überwindung des ausschließlich auf Extraktion der Naturressourcen gestützten Wirtschaftsmodells, das die Länder arm zurücklässt, weil die Wertschöpfung multinationalen Konzernen überlassen ist. Brand (2015: 28) sieht überall „Suchbewegungen nach alternativen Lebensentwürfen und neuen Wohlstandsmodellen.“ Manche wollen darin eher eine Stärke sehen und betonen den undogmatischen Charakter. Zugleich wird aber eine Schwäche der Degrowth-Initiativen darin gesehen, dass sie bisher stark intellektuellenlastig sind (Brand 2015).

Es gibt jedoch auch eine Vielzahl von meist lokalen praktischen Initiativen, über ganz Europa verstreut, die zum Beispiel unter dem Namen „Recht auf Stadt" oder als „Transition Towns" agieren. Die zunehmende Nutzung erneuerbarer Energien hat die technische Voraussetzung für eine dezentrale, gemeinsam verwaltete Energieversorgung mit sich gebracht. Propagiert wird ‚Energiedemokratie' als Alternative zur Stromproduktion durch machtvolle Konzerne. Schon seit Jahrzehnten gibt es kollektiv wirtschaftende bäuerliche Kooperativen, die teilweise Subsistenzwirtschaft betreiben, so zum Beispiel die in Südfrankreich gegründete ‚Longo Mai Kooperative'. Auch die Arbeitsgemeinschaft Bäuerliche Landwirtschaft (ABL), eine Vereinigung von Kleinbauern, die Widerstand gegen die Expansion der industriellen Landwirtschaft zu ihrem Programm gemacht hat, kann als Teil der Degrowth-Bewegung gesehen werden. Wie die ABL in Deutschland, ist die Österreichische Bergbauernvereinigung Mitglied der Weltorganisation ‚Via Campesina'. Hier wird auch deutlich, dass Degrowth sich stärker als Teil der globalisierungskritischen Bewegung betrachten sollte, denn die Überschneidungen in der Zielperspektive sind unübersehbar.

Die gemeinsame Zielperspektive der Degrowth-Initiativen ist nach Brand (2015: 2): „Wohlstand jenseits kapitalistischen und von geoökonomischer Konkurrenz getriebenen Wachstums." Zumindest mehrheitlich ist auch Konsens, dass Kapitalismus mit Null-Wachstum unvereinbar ist. Kooperation und mehr soziale Gerechtigkeit sind allgemein geteilte Werte. Angestrebt werden daher kleinere, weniger komplexe, dezentralisierte, kooperative Systeme (Brand 2015). Unterstützt werden heute schon praktizierte Ansätze genossenschaftlicher Organisation, Ansätze des gemeinschaftlichen Wirtschaftens oder auch der Share-Economy. Dasselbe gilt für Maßnahmen wie Recycling und Urban Mining, die zur Einsparung von Rohstoffen und zu einer geringeren Belastung der Umwelt mit Abfall beitragen.

Drei Strategien der notwendigen gesellschaftlichen Transformation sind in der Diskussion, die von den VertreterInnen von Degrowth unterschiedlich gewichtet und zum Teil kontrovers beurteilt werden:

1. die Effizienzstrategie oder Effizienzrevolution
2. die Suffizienzstrategie
3. das Konsistenzprinzip

Mit der Effizienzstrategie wird auf eine bessere Nutzung von Rohstoffen und eine effektivere Energieausbeute durch technologische Entwicklung, also durch energiesparende Maschinen und Geräte gesetzt. Das computergesteuerte Smart Grid soll helfen, durch intelligente Nutzung Strom beim Transport, der Speicherung und Verteilung zu sparen. Auch die Entwicklung treibstoffarmer

Fahrzeuge, Flugzeuge und Schiffe ist diesem Ansatz zuzuordnen. Außerdem soll die längere Haltbarkeit von Anlagen und Geräten zur Schonung von Ressourcen beitragen. Altvater (2009: 211) sieht die Konzentration auf die Effizienzstrategie kritisch. Sie liefere einen neuen Anstoß zur Akkumulation und verlängere nur das „fossile Energieregime".

Die Suffizienzstrategie wird am radikalsten von Niko Paech propagiert. Man strebt einen Wandel der Mentalitäten an, getragen von der Zuversicht, dass die Aussicht auf ein ‚gutes Leben‘, auf Entschleunigung und weniger Stress einige ermuntern wird, ihren Konsum einzuschränken. Statt mehr Konsum mehr soziale Beziehungen! Sehr stark wird hier auf eine individuelle Umorientierung gesetzt. Allerdings wäre die 20-Stunden-Woche, die auch Paech als Zielvorstellung hat, eine radikale politische Forderung. Hierfür ist die Warnung von Nicoll (2016: 406) bedeutsam: „Keinen Keil zwischen Ökologen und Gewerkschaften treiben!" Altvater (2009: 213) findet die Gebrauchswert-Orientierung bei diesem Ansatz sympathisch, begegnet ihm jedoch mit größter Skepsis. Denn das Maßhalten liege quer zur Logik des Kapitalismus. Konsistenz, d.h. die Verträglichkeit von industriellen Stoff- und Energieströmen mit den Kreisläufen der Natur, ist das hohe Ziel nachhaltigen Wirtschaftens. Für Altvater (2009: 213) verlangt dies das Aufbrechen der „Kongruenz von kapitalistischer Gesellschaftsformation, fossilen Energieträgern und industrieller Rationalität der Weltbeherrschung."

Ökonomen in der Tradition von John Maynard Keynes halten dagegen einen Green New Deal für möglich. So wie für den Keynesianismus eine Belebung der gesamtwirtschaftlichen Nachfrage durch staatliche Aufträge soziale Probleme mildert und damit den Kapitalismus sozial verträglich gestaltet – die Leitlinie für Roosevelts New Deal in den USA nach der Weltwirtschaftskrise – könnten, so die Zuversicht, auch ökologische Probleme gelöst werden. Der Wirtschaftswissenschaftler Karl Georg Zinn (2015: 87) zum Beispiel sieht eine Chance in der anhaltenden wirtschaftlichen Stagnation. Denn im ‚Kapitalismus ohne Wachstum‘ böte es sich an, Anlagemöglichkeiten für die Bewältigung der umweltpolitischen Aufgaben zu schaffen. Er denkt an die Erfordernisse der Energiewende, an Filtertechniken, Maßnahmen der Wiederaufforstung, die Reinigung der Meere, den Ausbau des öffentlichen Verkehrs. So werde ein ‚grünes Wachstum‘ initiiert. Die Vision von Zinn ist eine Formation, „die Ähnlichkeit mit der einfachen Reproduktion aufweist" (Zinn 2015: 94; siehe dagegen Luxemburg 1923). Dafür schließt er auch die Vergesellschaftung von Unternehmen nicht aus.

Wenn Altvater (2009: 205) selbstverwaltete Betriebe und Genossenschaften als zukunftsweisend für eine solidarische Ökonomie betrachtet, dann erscheint eine Verständigung mit Zinn möglich. Konsens zwischen beiden könnte auch sein, dass Solidarität eine solidarische Weltgesellschaft und damit den Abbau der

Ungleichheit im globalen Maßstab bedeuten muss. Denn Zinn ist sich darüber im Klaren, dass die Ausplünderung des Rests der Welt die Voraussetzung der industriekapitalistischen Dynamik gewesen ist. Zugleich birgt das Verhältnis zu den Ländern des globalen Südens, auch zu den Schwellenländern, ein gewaltiges Konfliktpotential, weil deren Nachholbedarf nicht negiert werden kann. Ihnen wird eine Politik der Wachstumsrücknahme einen Bonus für Investitionen einräumen müssen.

Auf jeden Fall laufen konsequente Ansätze des Degrowing, so der von Altvater, aber selbst jener von Zinn, auf einen revolutionären Prozess hinaus – heute meist Transformation genannt. Deshalb sind nicht nur Widerstände seitens der unmittelbaren Nutznießer des Systems und ihrer politischen Verwalter, sondern auch seitens breiter Schichten zu erwarten, die sich an die Wohltaten gewöhnt haben und Wachstum für unverzichtbar halten. Und das dürfte selbst für die gelten, die am Wohlstand gar nicht mehr partizipieren.

Barrieren für einen Bewusstseinswandel

Einem Degrowing steht nicht nur die Interessenlage der Großindustrie unter gegebenen Machtverhältnissen im Weg. Diese könnten sich zwar bei einem Bewusstseinswandel breiter Schichten verschieben. Die Barrieren dafür sind aber ziemlich hoch.

Ulrich Brand (2015: 16) sieht schon einmal ein Problem darin, dass Degrowth „von einer kosmopolitisch orientierten Mittelschicht" und dabei noch von Vertretern der Wohlstandsgesellschaften des globalen Nordens getragen wird. Zumindest gilt dies vorläufig. Die Frage der Erwerbsarbeit ist im Degrowth-Diskurs als Thema unterbelichtet. Zugleich steht gerade bei Angehörigen der Mittelschicht, aus deren Reihen die Mahnung zu Umweltschutz und mehr Suffizienz kommt, meist die Morallehre im Widerspruch zur Praxis, weil ‚positionale Güter' (Neuwagen im Premiumsegment etc.) eine hohe Bedeutung für den Sozialstatus haben.

Stefan Lessenich (2016: 181) macht außerdem auf den „imperialen Provinzialismus" aufmerksam, den wir uns in den Wohlstandsregionen aufgrund des Machtgefälles zum globalen Süden leisten können. Wir werden höchstens von Flüchtlingswellen aufgeschreckt. In der Regel können wir unseren Beitrag zur Armut und zur Umweltzerstörung in vielen Weltgegenden verdrängen. Der Blick auf selbstverschuldete Missstände in den sogenannten Entwicklungsländern wie Korruption und Vetternwirtschaft erleichtert die Rechtfertigung einer Politik des ‚Weiter-so'. Wie viele würden schon eine Wachstumsbremse bei uns zugunsten derer befürworten, denen wir teilweise unser Bruttosozialprodukt verdanken?

Schließlich sind die „individuellen Lebensperspektiven großer Bevölkerungs-
teile" in unserer Weltregion mit Wachstum verbunden (Brand 2015: 16).
Generell gilt: Die Undurchschaubarkeit der wirtschaftlichen Dynamik, die
speziell seit ihrer politischen ‚Entbettung' im Neoliberalismus die gesellschaftlichen Prozesse beherrscht, bedingt die Naturalisierung der gesellschaftlichen Verhältnisse in den Köpfen, d.h. Marktmechanismen erscheinen als Naturgesetze.
Und die scheinbare Alternativlosigkeit der neoliberalen Politik wird von den
Mainstream-Medien gestützt. Leistungs- und Konkurrenzdruck begünstigen
einen Wohlstandschauvinismus, also den Unwillen, an weniger entwickelte Länder etwas von dem abzutreten, was sich angeblich nur der eigenen Anstrengung
verdankt. Wettbewerb und Individualisierung bedingen zusammen eine ratio-
nelle Haltung, die fragt: Warum soll ich anfangen mit dem einfacheren Leben,
mit dem Verzicht? Auf ähnliche Weise führt der entfesselte Standortwettbewerb
auf politischer Ebene dazu, dass kein Staatsapparat sich auf eine Rücknahme
der Wachstumsziele einlassen will. Mit diesen Schwierigkeiten und Barrieren hat
eine politische Bewegung, die sich für ein Degrowing einsetzt, zu rechnen. Das
Gleiche gilt mit Modifikationen für pädagogische Ansätze in dieser Richtung.

Bildung für nachhaltige Entwicklung

Eine Gruppe von ErziehungswissenschaftlerInnen hat im Rahmen einer
umfangreicheren Befragung 44 SchülerInnen der 9. Jahrgangsstufe an Haupt-
schulen und Gymnasien in Niedersachsen zum Thema Globalisierung inter-
viewt. Sie stellten erstens fest: „Der Markt und seine Gesetze werden als quasi
natürlich und/oder als alternativlos vorgestellt" (Fischer, et al. 2016: 93), was die
ideologietheoretische Naturalisierungs-These bestätigt. Zweitens waren in Fragen der Ungleichheit im globalen Maßstab moralische Urteile vorherrschend, da
offenbar nicht einmal eine Ahnung von politökonomischen Zusammenhängen
vorhanden war. Damit erstaunt auch die dritte Interpretation nicht. Die For-
scherInnen konstatieren: Die Akzeptanz des Systems und die „Problematisie-
rung humanitärer Missstände stehen in der Regel unvermittelt nebeneinander"
(Fischer, et al. 2016: 93).
Der US-amerikanische Begründer von Global Education, Robert G. Hanvey,
sah 1976 in einem Aufsatz folgende Schwierigkeiten, mit denen sich die Pädagogik auseinandersetzen müsse: (a) unser tief verinnerlichtes eurozentrisches
Weltbild, das durch mediale Bilder und Nachrichten vom globalen Süden meist
bestätigt wird; (b) die Schwierigkeit, in Systemzusammenhängen zu denken, was
dem Alltagsverstand fremd, aber für Nachhaltigkeit bedeutsam sei.

Der Aufsatz von Hanvey ist hier deshalb von Interesse, weil er schon früh den Wachstumsfetischismus als quasi säkulare Religion angeprangert hat. „The belief in the desirability of economic growth comes close to being a universal secular religion" (Hanvey 2004: 28). Aufschlussreich ist Hanveys Unterscheidung zwischen Meinungen (opinions) und Perspektiven (perspectives). Meinungen liegen offen zu Tage, können Gegenstand von Kontroversen sein. Unter „perspectives" dagegen versteht Hanvey vorbewusste Elemente unseres Weltbilds wie Eurozentrismus, Technikbegeisterung, Fortschrittsglaube, Naturbeherrschung und Wachstumseuphorie. „[I]n the deep layers of Western civilization has been the assumption that human dominance over nature is both attainable and desirable" (Hanvey 2004: 6). Diese selbstverständlichen, gemeinsam geteilten Vorstellungen sind pädagogisch nur schwer aufzubrechen. Unter anderem tragen die Medien, die selbst „culture-bound" sind, zur Bestätigung und Verfestigung solcher Weltsichten bei. Falsche Bilder von anderen Weltregionen vermitteln sie auch deshalb, weil sie „event-centered" sind (Hanvey 2004: 3f.). Typisch für sie sei „its focus on the extraordinary event" (Hanvey 2004: 8). Nur das Aufsehen erregende Ereignis zählt. Am ehesten traut Hanvey sozialen Bewegungen zu, dass sie solche in Tiefenschichten verankerten Sichtweisen zu Bewusstsein bringen. Zum Beispiel: „The environmental movement surfaced the assumption of man's right to dominion over nature" (Hanvey 2004: 6).

Das Denken in Systemzusammenhängen, dem Hanvey eine große Bedeutung beimisst, ist nicht leicht erlernbar, weil es in unserer Alltagpraxis nicht verlangt wird. Es ist sogar für den Alltagsverstand eine Herausforderung. „The results of thinking in system terms often offend what we like to call common sense" (Hanvey 2004: 21). Auch das technizistische Denken ist nicht systemisch, wie eines von Hanveys Beispielen – nämlich die schlichte Annahme, hohe Geburtenraten seien bloß die Folge mangelnder Aufklärung und mangelnder Verhütungsmethoden – zeigen soll. Ein aktuelles Beispiel für systemisches Denken beträfe die Ursachenzusammenhänge für Hunger (Wertsteigerung der Böden durch veränderte Ansprüche an Ernährung, Agrotreibstoffe, zunehmende Knappheit von Agrarflächen durch Degradierung und Zersiedlung, Folge: Spekulation).

Eine der Schwierigkeiten für die Bildungsarbeit besteht darin, dass die Pädagogik gegen den Einfluss anderer mächtiger Sozialisationsinstanzen ankämpfen muss. In den Schulen kommt hinzu, dass die Leistungsbeurteilung einem uneigennützigen Interesse am Thema im Weg steht, wenngleich sie eine intrinsisch motivierte Auseinandersetzung mit der Thematik nicht ausschließt – ein generelles Problem politischer Bildung. Außerdem wird in öffentlichen Schulen eine ‚ausgewogene' Behandlung politisch relevanter Themen verlangt. Nicht nur die Schulverwaltung, sondern auch Eltern sind mit dem Agitationsvorwurf gegen LehrerInnen schnell bei der Hand. Diesem Vorwurf lässt sich jedoch mit der kontroversen Behandlung von Konfliktlagen begegnen, wobei es nicht darum geht, die Lernenden spielerisch kontroverse Standpunkte einnehmen zu lassen, wie oft üblich. Vielmehr müssen gesellschaftliche Widersprüche ebenso wie eigene innere Antinomien gemeinsam aufgedeckt und durchgearbeitet werden. Eine Gelegenheit dazu könnten zum Beispiel die im regierungsamtlichen Orientierungsrahmen für den ‚Lernbereich globale Entwicklung' der deutschen Kultusministerkonferenz benannten „Zielkonflikte" zwischen wirtschaftlicher Entwicklung und Umweltschutz bieten. Da dort gemäß dem Schlussdokument der Konferenz von Rio de Janeiro (1992) „Umwelt und Entwicklung [...] als gleichwertige Zielbereiche" anerkannt werden sollen und zugleich die „Vermeidung bzw. Lösung oder Minderung von Zielkonflikten" (KMK und BMZ 2015: 41) angestrebt werden soll, dürfte ein gründliches Studium der Interessenlagen zu ernüchternden Erkenntnissen führen. Dies wäre ein auch im Schulunterricht möglicher Zugang.

Das Bildungsziel, in ‚großen Zusammenhängen denken' zu lernen, ist für manche Unterrichtsideen, die man in pädagogischen Zeitschriften oder in Internet-Portalen findet, leitend. Beispielhaft möchte ich nennen: „Warum muss Imara hungern. Ein Mystery-Modul zur Förderung systemischen Denkens" (Hennig 2016). Exemplarisch wird am Beispiel eines Mädchens und ihrer Familie aus Kenia erarbeitet, wie die Zunahme der Biospritproduktion, die Spekulation auf dem Agrarmarkt und die Macht der Agrarkonzerne in einem Wirkungsgefüge die Ernährungssicherheit bedrohen. Im Internet-Portal ‚Globales Lernen' findet man zum Beispiel „Know your lifestyle: Handy & Smartphone" (DVV international 2014), wo die Lernenden einen Einblick in die Fertigungsketten ihrer Gadgets und Anstöße zum Nachdenken über Rohstoffverbrauch und Ausbeutung erhalten. So könnten Erfahrungen in die Krise geführt werden (Haug 1981).

Fischer, et al. (2016: 138) fordern auf der Basis ihrer oben erwähnten Schülerbefragung „eine über den Markt und seine Gesetze hinausgehende, plurale Perspektive". Damit soll die Naturalisierung der gesellschaftlichen Verhältnisse in den Köpfen überwunden werden, nach dem Motto „Eine andere Welt ist möglich". In diese Richtung zielt auch die postulierte „multiperspektivische Sicht auf das Verhältnis von Wirtschaft und Politik in einer globalisierten Welt" (Fischer, et al. 2016: 138).

Der Lernort Schule und außerschulische Bildungsarbeit bieten unterschiedliche Vor- und Nachteile. Politische Bildung in der Schule unterliegt Restriktionen. Lernwiderstände sind eher zu erwarten und die Möglichkeiten handelnden Lernens sind beschränkt. Andererseits stößt erfahrungsorientiertes Lernen, die

Domäne außerschulischer Bildungsarbeit, an Grenzen, wenn es nicht mit Theoriearbeit verbunden wird. Wenn Erfahrungen krisenhaft werden, gilt es Erklärungsangebote zu machen. Es wird hilfreich sein, dazu dann Hintergrundwissen anzubieten. Wachstumskritik könnte bei Jugendlichen durch die Mitarbeit an Projekten im Rahmen von Transition Towns geweckt werden. Letztlich muss darauf vertraut werden, dass Lernende selbst auf Widersprüche in ihrem Alltagsdenken aufmerksam werden.

Dilemmata der politischen und pädagogischen Arbeit

Abschließend möchte ich auf Dilemmata verweisen, die sowohl von politischen Initiativen wie auch in der pädagogischen Arbeit beachtet werden müssen. Das Aufzeigen von Machtstrukturen, Interessenkartellen und ‚Bewegungsgesetzen‘ des Kapitals kann Resignation, die Anpassung ans ‚Unvermeidliche‘ begünstigen. Andererseits würde man Illusionen wecken, wenn man die Rettung des Planeten allein von einer Veränderung des eigenen Konsumverhaltens abhängig macht und an die individuelle Verantwortung appelliert. In der Degrowth-Bewegung ist deshalb vor dem Suffizienz-Ansatz zu warnen, wie ihn zum Beispiel Niko Paech vertritt. Bei den in Sachen Wachstumskritik besonders relevanten pädagogischen Programmen, der Umweltbildung und dem Globalen Lernen, ist ein entpolitisierender Zugang vorherrschend. Dabei müsste Bildung gerade ein aufgeklärtes, kritisches Verhältnis zur Gesellschaft implizieren, so gewiss sie Zugang zum Subjekt finden muss. Aber bei den gängigen Konzepten der Umweltbildung sieht Bölts (2014: 30), Autor einer einschlägigen Einführung, die Gefahr, dass Umweltfragen als Probleme individueller Schuld behandelt werden. Und auch in der Literatur zum Globalen Lernen werden primär die Individuen in die Verantwortung genommen. Sie sollen die Bereitschaft entwickeln, Verantwortung für die Erhaltung des Planeten zu übernehmen (z.B. Rathenow 2000). Ethische Reflexion bekommt einen höheren Stellenwert als politisches Bewusstsein. Die einschlägige Literatur ist dafür nicht gerade förderlich, denn die ökonomischen und politischen Strukturen und Machtkonstellationen verschwinden hinter Formeln wie ‚Komplexität‘, weltweite Vernetzung und ähnlichen Abstrakta, die, so wie sie verwendet werden, jeden Erklärungswert verlieren. Auch „Umwelterziehungskonzeptionen sind gesellschaftstheoretisch unspezifisch“, so Bölts (2014: 30).

So wenig die Sorge für Nachhaltigkeit allein dem Einzelnen angelastet werden darf, so wenig ist es politisch produktiv, allein „die da oben“ dafür verantwortlich zu machen. Selbst gesellschaftstheoretisch aufgeklärte Ansätze geraten leicht in diese Gefahr bzw. werden allzu leicht auf diese Art missverstanden. Ein

Dilemma für politische AktivistInnen wie für PädagogInnen besteht schließlich darin, sowohl Alarmismus zu vermeiden wie auch eine Beschönigung der Lage. Alarmismus lähmt, und für die Beschönigung ist die Situation zu ernst. Zugegebenermaßen verleiten die wissenschaftlichen Analysen der Übernutzung des Planeten dazu, apokalyptische Zukunftsszenarien zu entwerfen. Nicht von ungefähr ergänzen Autoren wie Altvater (2009) oder Nicoll (2016) ihre Analysen um den Aufweis politischer Alternativen. Darin besteht auch eine wichtige pädagogische Aufgabe. Außerdem gilt es, Möglichkeiten der Partizipation aufzuzeigen, eventuell Vorbilder erfolgreichen Widerstands vorzustellen. Fischer, et al. (2016) haben bei den befragten Schülern ein Wissen über Gewerkschaften vermisst und fordern nicht nur in diesem Punkt eine Korrektur, sondern generell eine stärkere Diskussion über Partizipationsmöglichkeiten. Man solle „die gefühlte Ohnmacht, die die Schüler benennen, ernst nehmen" (Fischer, et al. 2016: 142).

Literatur

Altvater, E. (2009): ‚Das Ende des Kapitalismus, wie wir ihn kennen'. Münster: Westfälisches Dampfboot.

Bölts, H. (2014): ‚Umweltbildung. Eine kritische Bilanz'. Darmstadt: WBG.

Brand, U. (2015): ‚Degrowth und Post-Extraktivismus. Zwei Seiten einer Medaille?', Workingpaper des DFG-Kollegs Postwachstumsgesellschaft 2015 (5), S. 1–47

Cowen, T (2014): 'The Lack of Maor Wars May Be Hurting Economic Growth'. The New York Times'. <https://www.nytimes.com/2014/06/14/upshot/the-lack-of-major-wars-may-be-hurting-economic-growth.html >Zugriff 26.03.2017.

D'Alisa, G., Demaria, F., Kallis, G. (Hrsg) (2016): ‚Degrowth. Handbuch für eine neue Ära'. München: Oekom Verlag.

DVV international (Hrsg.) (2014): 'Know your lifestyle: Handy & Smartphone'. <http://www.globaleslernen.de/de/bildungsmaterialien/alle/know-your-lifestyle-handy-smartphone> Zugriff 26.11.2017.

Eppler, E.,Paech, N. (2016): ‚Was Sie da vorhaben, wäre ja eine Revolution.: Ein Streitgespräch über Wachstum, Politik und eine Ethik des Genug'. München: Oekom Verlag.

Fischer, S., Fischer, F., Kleinschmidt, M., Lange, D. (2016): ‚Globalisierung und Politische Bildung. Eine didaktische Untersuchung zur Wahrnehmung und Bewertung der Globalisierung'. Wiesbaden: Springer VS.

Hanvey, R. G. (2004): 'An Attainbable Global Perspective'. The American Forum for Global Education (ursprüngl. 1976). <http://site.valenciacollege.edu/inz/

profdev/INZ%20the%20Curriculum%20Workshop/0.3_An-Attainable-Global-Perspective.pdf> Zugriff 16.12.2018

Haug, F. (1981): ‚*Erfahrungen in die Krise führen – oder: Wozu brauchen die Lernenden den Lehrer?*‘. In: G. Auernheimer; I. Fleischhut und N. Frank (Hrsg.): Die Wertfrage in der Erziehung: Schule und Erziehung VIII. Berlin: Argument-Verlag.

Hennig, J. (2016): ‚Warum muss Imara hungern. Ein Mystery-Modul zur Förderung systematischen Denkens‘. *Praxis Geographie* 7–8 (1), S. 4–11.

KMK und BMZ (Hrsg) (2015): *Oritentierungsrahmen für den Lernbereich Globale Entwicklung im Rahmen einer Bildung für nachhaltige Entwicklung. Ein Beitrat zum Weltaktionsprogramm BNE. Ergebnis des gemeinsamen Projekts der KMK und des BMZ 2004–2015*. Bonn: Engagement Global.

Lessenich, S. (2016): ‚*Neben uns die Sintflut. Die Externalisierungsgesellschaft und ihr Preis*‘. Hanser: Berlin.

Luxemburg, R. (1923): ‚*Die Akkumulation des Kapitals. Ein Beitrag zur ökonomischen Erklärung des Imperialismus*‘. Berlin: Vereinigung internationaler Verlags-Anstalten GmbH.

Marx, K., Engels, F. (1972): ‚*Manifest der Kommunistischen Partei*‘. Berlin: Karl Marx/Friedrich Engels-Werke. (Karl) Dietz Verlag.

Meadows, D., Meadows, D. (1972): ‚*Die Grenzen des Wachstums*‘. Stuttgart: Dt. Verlagsgesellschaft.

Nicoll, N. (2016): ‚*Adieu, Wachstum! Das Ende einer Erfolgsgeschichte*‘. Marburg: Tectum Verlag.

Rathenow, H.-F. (2000): ‚*Globales Lernen – global education: ein systemischer Ansatz in der politiischen Bildung*‘. In: B. Overwien (Hrsg.): Lernen und Handeln im globalen Kontext. Beiträge zur Theorie und Praxis internationaler Erziehungswissenschaft. Zur Erinnerung an Wolfgang Karcher. Frankfurt am Main: Verlag für interkulturelle Kommunikation. S. 328–341.

Sambuchi, C. (Regie) (2012): ‚*Die Jagd nach Land*‘. Spieldauer: 45 Minuten.

Vereinte Nationen (Hrsg.) (1992): ‚*Agenda 21. Konferenz der Vereinten Nationen für Umwelt und Entwickung*‘. Rio de Janeiro: Vereinte Nationen.

Zinn, K. G. (2015): ‚*Vom Kapitalismus ohne Wachstum zur Marktwirtschaft ohne Kapitalismus*‘. Hamburg: VSA-Verlag.

Stefanie Hürtgen

Kritik an der marktorientierten Konsumkritik

Abstract: Consumption is related to (re-)production. Therefore, individual abdication of certain products or services is not sufficient to change neoliberal market mechanisms. It is, at least, likewise important to change the ways how and where we produce our goods and services.

Keywords: consumption and production, methodological individualism, economic and spatial scales

Ein Einstieg

In vielen Seminaren kommen wir mit den Studierenden auf Konsum- und Wachstumskritik zu sprechen. Das ist sehr zu begrüßen, nicht umsonst gibt es auch eine breite wissenschaftliche Debatte über das ‚Ende des Wachstums‘, ‚Postwachstumsgesellschaften‘ und ähnliches. Über eine andere Ausrichtung von Ökonomie, und damit unserer Arbeits- und Lebensweise, ist in der Tat dringend nachzudenken. Das bei Vielen – und eben auch vielen Studierenden – verbreitete Gefühl, dass es so nicht weitergehen kann, ist nicht falsch, im Gegenteil. Und doch möchte ich gewissermaßen solidarische, aber eben doch Kritik üben. Denn Konsumverzicht und ‚weniger Wachstum‘ scheinen mir die falschen Begriffe, die falschen Schlagworte für das zu sein, worum es gehen sollte. Ich möchte die Kritik in drei Schritten darstellen. Am Ende gibt es eine Zusammenfassung.

Was ist eigentlich Konsum?

Wenn wir diskutieren, was ‚Konsum‘ ist, dann kommen in den Diskussionen von Seiten der Studierenden immer wieder ähnliche Beispiele: die Klamotten, die man viel zu schnell und je nach Mode wechselt, die Smartphones und Fernsehbildschirme, die ständig auf dem neuesten Stand sein müssen, das möglichst prestigeträchtige Auto (oder mittlerweile auch Fahrrad) etc. Wir kommen dann meist recht schnell darauf zu sprechen, dass diese Konsumwünsche nicht in gesellschaftlich luftleerem Raum entstehen, sondern auch etwas damit zu tun haben, wie soziales Ansehen und Respekt in unseren Gesellschaften zugeteilt wird. Nicht nur zu Bewerbungsgesprächen erscheint man nicht in ausgetretenen Badelatschen oder geflickten Pullovern, auch wenn das ökologisch sinnvoll wäre. Und wer heute kein Handy oder Smartphone besitzt, kann sich schlecht mit anderen spontan verabreden. Viele der kritisierten Konsumartikel signalisieren und organisieren also soziale Zugehörigkeit. Damit ist die Kritik an ihnen natürlich nicht einfach vom Tisch. In der Tat sind viele der heutigen Formen, sich 'Gutes zu tun', sich zu entspannen und die Freizeit zu verbringen, faktisch desaströs. Kreuzfahrtschiffe mit ihren jeweils mehreren tausend TouristInnen ruinieren ganze Städte, sozial und ökologisch, beispielsweise Venedig. Zur Gewinnung von Gold für den Schmuck der Kaufkräftigen dieser Welt werden am Amazonas die Urwälder abgeholzt, die Flüsse mit Quecksilber vergiftet und die dort lebenden Menschen um ihre Existenzbedingungen gebracht, bevor sie gleich ganz vertrieben werden. Hierzulande zerschneidet und zerstört der Skitourismus ganze Gebirgslandschaften und gefährdet nicht nur ihre Stabilität, sondern vernichtet für uns alle lebensnotwendigen Ökosysteme.

Nur – und das ist mein Hauptargument für diesen ersten Punkt – der Begriff Konsum umfasst viel mehr als ein individuelles Freizeitamüsement und den Kauf von prestigeträchtigen Waren und Dienstleistungen. Zu konsumieren bedeutet polit-ökonomisch nicht einfach nur etwas zu kaufen (auch wenn dies in kapitalistischen Warengesellschaften meistens der Fall ist), sondern vor allem auch sich zu reproduzieren. Ohne Konsumtion der vielen gesellschaftlichen Gebrauchswerte keine Reproduktion unseres sozialen Lebens. Und damit sind nicht nur Essen, Wohnen und Kinderkriegen gemeint – Reproduktion ist vielmehr die Herstellung und Wiederherstellung unserer gesamten individuell-biographischen und kollektiven Existenz in der Gesellschaft. Hierzu gehören die körperliche Unversehrtheit, die geistige und kulturelle Entwicklung und die Ermöglichung von Sozialität für den gegenseitigen Austausch. Eben deshalb konsumieren wir auch Bücher und Sprachkurse, nutzen medizinische Geräte oder besuchen politische Weiterbildungsveranstaltungen. Und wir treffen uns in Restaurants oder Wohnungen, die durch den Konsum von Waren, z.B. Beton oder Glas, überhaupt erst entstehen, d.h. produziert werden konnten. Konsumiert wird also auch – und vom Umfang viel bedeutsamer – von Unternehmen, in diesem Fall Bauunternehmen. Konsumiert wird aber auch vom Staat, der im glücklichen Fall öffentliche Infrastruktur, Versorgungseinrichtungen oder Bildungseinrichtungen aufbaut, im schlechteren Fall sich an der Rüstungsproduktion beteiligt.

Kurz: Konsum ist nicht einfach Shoppen, sondern Konsum ist auch Produktion. Konsum ist wesentlich für die Hervorbringung unseres individuellen und gesellschaftlichen Lebens. Dann aber sind wir bei den Fragen, welche Bereiche dieses gesellschaftlichen Lebens ausgebaut werden („wachsen") sollen, und welche nicht. Gehört der öffentlicher Wohnungsbau dazu, Kindergärten und Schulen, der öffentliche Personennahverkehr und andere Bestandteile einer breiten sozialen und kulturellen Infrastruktur, nutzbar für alle? Sollen Naturschutzgebiete ausgedehnt werden („wachsen")? Aber was ist mit den Arbeitsplätzen in der Tourismusindustrie? Brauchen wir Flughäfen? Und wenn ja, wie viele und wie groß und wie sehr dürfen sie die Lebensqualität der AnwohnerInnen beeinträchtigen? Was soll wie in welcher Qualität und Nachhaltigkeit zu welchen individuellen und gesellschaftlichen Kosten warum und für wen produziert werden? All dies sind wichtige gesellschaftliche Fragen über ein gutes und sinnvolles Zusammenleben. Es bedeutet: Die Konsumproblematik ist nicht losgelöst von der Produktion zu diskutieren, ihren Bedingungen, Zielen und Zwecken. Und sie ist keineswegs eine vorrangig quantitative Frage, d.h. oft ist sie in Begriffen des ‚Mehr' oder ‚Weniger' nicht zu erfassen.

Wenn Niko Paech, ein bekannter Ökonom und Wachstumskritiker, in zahlreichen Schriften und Interviews formuliert, wir müssten ‚unsere Ansprüche' radikal reduzieren, dann frage ich mich, ob er das auch in Bezug auf eine gute medizinische Versorgung meint (vermutlich findet auch er ein gutes und modernes Gesundheitssystem wichtig). Ist das nun aber ‚viel' oder ‚wenig' an Anspruch? Der Begriff „Wachstum" (oder eben: Schrumpfung bzw. Verzicht) kann als rein quantitative Bestimmung nicht auf den Punkt bringen, worum es eigentlich geht, nämlich um die *Qualität* unseres Lebens und Zusammenlebens. Und da stellt sich eher umgekehrt die Frage: was spricht gegen Ansprüche auf gute Kinderbetreuung, saubere Luft, gute Lehre an den Universitäten usw. Anders als viele WachstumskritikerInnen nahelegen, ist es keineswegs falsch, hohe Ansprüche an unser soziales Zusammenleben zu haben.

Politische Ökonomie oder Markt?

Meine zweite Kritik schließt an die erste an. So, wie viele WachstumskritikerInnen und zunächst auch viele Studierende argumentieren, scheint es vor allem darum zu gehen, einfach weniger oder eben anders zu kaufen: Bio, regional, nachhaltig, ethisch usw. Der Markt steht in diesen Argumentationen im Mittelpunkt. Die Unterstellung ist, dass die Hersteller ganz spontan auf unsere einzelnen, individuellen Kaufentscheidungen reagieren und – wenn ‚wir', die vielen einzelnen Konsumierenden es wollen – künftig mehr Bio und Regionales usw. anbieten. (Deswegen kommen Studierende auch immer wieder zu dem zwar hochmoralischen, aber leider falschen Schluss, ‚wir' seien ‚alle' gleichermaßen Schuld an der Misere, wenn wir unethisch, nicht-bio usw. kaufen.) In der Ökonomietheorie hat diese Denkweise Tradition, insbesondere in der Neoklassik. Es ist, kurz gesagt, eine Theorie des sogenannten ‚freien Marktes', auf dem sich freie

und flexible Produzierende mit ebensolchen freien und flexiblen Konsumierenden begegnen.

Dieser Theorie nach gleichen sich in spontaner, oft sogar als zeitlos gedachter
Weise Angebot und Nachfrage aus: Mehr Bionachfrage führt spontan zu mehr
Bioproduktion und das kann ja – so schlussfolgern viele – nur gut sein. Das
Problem dieser Theorie und dieser Denkweise ist, dass sie hier ‚Ökonomie' mit
‚Markt' gleichsetzt und behauptet, auf diesem Markt würden sich alle unter den
gleichen Bedingungen und Voraussetzungen treffen und in freier und gleicher
Weise tauschen und dabei quasi spontan regulieren, welche Waren nun sinnvoll zu konsumieren und also herzustellen sind. Was dabei übersehen, um nicht
zu sagen ignoriert wird, sind Fragen von (Markt-)Macht und Politik, sowie von
fundamentaler ökonomischer und sozialer Ungleichheit, auf der unsere gegenwärtige kapitalistische Produktionsweise aufbaut.

Ökonomie ist nicht einfach Markt, sie ist immer Politische Ökonomie (und
auch Sozioökonomie, dazu weiter unten). Sie ist also verwoben mit (und geprägt
von) den politischen Strukturen der Gesellschaft. Kaufverhalten und Kundenwünsche von Millionen von Menschen können einen Einfluss auf Unternehmen
haben, aber wie weit der reicht, ist überhaupt nicht ausgemacht. Microsoft beispielsweise entwickelt nicht ständig neue Generationen seiner Programme, weil
die KonsumentInnen das nachfragen, sondern weil es seine Rolle als globales,
Standard setzendes Software-Unternehmen nicht verlieren will. Der Hype ums
autonome, also fahrerloses Autofahren wird von der Autoindustrie und der Politik gegen die explizite Skepsis der Mehrheit der Bürgerinnen und Bürger mas-
senmedial produziert – und auch hier geht es wesentlich um Vorsprünge von
Kapitalgruppen, also Unternehmen und Konzernen, und nationalen Standorten
in der Technologieentwicklung und nicht um Kundenwünsche.

Oder schauen wir uns, als letztes Beispiel, die EU-Agrarförderung an: Sie ist
nach wie vor auf Fläche ausgerichtet, sie fördert also Massentierhaltung und
extensive Agrarproduktion und benachteiligt in eklatanter Weise die kleinen
Bauernhöfe und insbesondere die arbeitsintensiv produzierenden Biohöfe. Der
Markt ist also immer schon durchzogen von unterschiedlichen konkurrenziel-
len Machtressourcen und (staatlichen) Politiken. Er ist kein harmloser Ort des
wechselseitigen Austauschs, wo sich das Beste durchsetzt, wenn es nur die Nachfrage danach gibt. Zu behaupten, es würde ein besseres Leben für alle entstehen, wenn wir als individuelle Konsumierende andere Entscheidungen treffen
würden, ignoriert machtvolle politische Zusammenhänge und reduziert unsere
Gesellschaft und ihre kapitalistische Ökonomie auf ein idealisiertes und ver-
harmlosendes ‚Marktgeschehen', als sprächen wir vom wöchentlichen Bauern-
markt um die Ecke.

Wir sind keine Gesellschaft von Marktakteuren. Oder: Das Problem des ‚methodologischen Individualismus'

Diese Reduktion von Gesellschaft auf ein idealisiertes Marktgeschehen, und damit komme ich zu meinem dritten Kritikpunkt, betrifft auch die *handelnden Menschen* selbst. In der Aufforderung zum Konsumverzicht wird der/die Einzelne immer nur als KäuferIn von Waren dargestellt, also als Marktteilnehmende. Es geht dabei völlig unter, und wird oft auch von vielen Studierenden ‚vergessen', dass die Mitglieder dieser Gesellschaft auch politische BürgerInnen sind. Sie können sich einmischen in die allgemeinen Angelegenheiten und tun dies ja auch, um beispielsweise für globale soziale Rechte, also auch Rechte der fernöstlichen Textilarbeiterinnen, oder eine andere EU-Agrarförderung zu streiten.

In der Reduktion von Gesellschaft auf „Markt" werden aber nicht nur die politischen, sondern auch die sozialen und ökonomischen gesellschaftlichen Strukturen vernachlässigt. Ich habe vorhin erwähnt, dass die neoklassischen und (neo-)liberalen Theorien die Gesellschaft und ihre Ökonomie als Markt mit freien und gleichen Anbietern und Nachfragern konzipieren. In der Kritischen Politischen Sozioökonomie wird diese theoretische Schablone als ‚methodologischer Individualismus' bezeichnet. Gesellschaft ist hier wie ein Sandhaufen vorgestellt, wie eine Ansammlung von lauter gleichartigen Einzelteilen (hier: Individuen). Soziale Unterschiede sind nicht im Blick, sie werden geradezu verleugnet. Dies aber ist in Zeiten wachsender sozialer Spaltung auch in den reichen europäischen Gesellschaften kaum zu akzeptieren. Sie als Leserin und Leser wissen vermutlich, dass z.B. in Deutschland derzeit jeder zweite abgeschlossene Arbeitsvertrag befristet ist und dass etwa 23 Prozent der Beschäftigten im Niedriglohnbereich arbeiten, während – wie in Österreich auch – die Ausgaben für das Wohnen enorm steigen.

Das ‚Wachstum' der Wirtschaft, gemessen am Bruttoinlandsprodukt, übersetzt sich keineswegs für alle in wachsende Einkommen. Genau dies wird aber von vielen ‚WachstumskritikerInnen' systematisch unterstellt, die von ‚unseren' steigenden Einkommen und ‚unserem' übersättigtem Konsum sprechen. Es gibt mittlerweile für Deutschland qualitative empirische Studien, die sehr eindrücklich zeigen, wie für ‚normale Menschen', also keine wie auch immer definierte ‚randständige UnterschichtlerInnen', ein Eisbecher in einem Café oder ein Stück Käse an der Supermarkt-Theke anstelle des abgepackten billigeren Scheibenkäses gänzlich unerschwinglich oder aber zum seltenen Luxusgut geworden sind. Die angeblich freie Wahl der Konsumenten zum Ausgangspunkt für positive Veränderungen zu machen, ist hier klarerweise absurd. Die Vorstellung von Gesellschaft als Sandhaufen, d.h. als unstrukturierte, einfach aufgehäufte Individuen,

suggeriert Gleichheit all dieser Individuen – und blendet die eklatant wachsenden sozialen Ungleichheiten aus. Der Appell an ‚Verzicht' übergeht dabei nicht
nur die wachsende Zahl armer Menschen, sondern hinterfragt auch nicht die
gesellschaftlichen Strukturen, die sie in hervorbringen. Denn angeblich ist ja,
wie oben bereits kritisiert, alles Markt.

Schließlich wird in der marktorientierten Konsumkritik der handelnde
Mensch auch in einer dritten Dimension – neben seiner politischen Handlungsfähigkeit und seiner sozialen Stellung in der Gesellschaft – überhaupt nicht
wahrgenommen: Er ist aber nicht nur Marktteilnehmer, er ist auch arbeitender
Mensch. Die Aufforderung, wir sollten anders kaufen, lässt vollkommen außen
vor, ob wir vielleicht nicht ‚nur' anders leben, sondern auch anders produzieren und arbeiten müssten. Damit sind allerdings nicht nur Bio- und regionale
Produktion gemeint, sondern die Verbesserungen der Arbeitsbedingungen für
die große Mehrheit der Menschen, einmal natürlich im Globalen Süden, aber
auch in den reichen kapitalistischen Metropolen des Globalen Nordens. Hier hat
der Arbeitsstress vor allem durch massive Personalkürzungen, entsprechende
Arbeitsverdichtung und immer mehr Aufgaben extrem zugenommen; die steigende Zahl von Burnout-Erkrankungen verweist darauf. Viele Beschäftigte
machen unbezahlte Überstunden oder nehmen Arbeit mit nach Hause, weil sie
ihr Pensum sonst nicht mehr schaffen; in vielen Betrieben herrscht in Bezug auf
die Arbeitsanspannung der „permanente Ausnahmezustand". Die marktorientierte Konsumkritik behauptet hierzu meistens, die Leute wollten einfach länger arbeiten, weil sie mehr verdienen und konsumieren wollen. Das ist aber in
der Summe falsch, auch wenn es einige Häuslebauer geben mag, die (bezahlte!)
Überstunden schieben wollen, und auch wenn viele sehr niedrig entlohnte Teilzeitbeschäftigte (z.B.in den Supermärkten) natürlich insofern ‚gern' länger arbeiten würden, weil sie dann mit dem Geld besser hinkämen.

In der Hauptsache aber ist ein ganz anderer Grund für den enorm gestiegenen Arbeitsstress entscheidend: die Arbeitgeber verlangen eine zunehmend
krankmachende Intensivierung und Extensivierung der Arbeit, wie wir sie seit
Jahren beobachten können, mit dem Verweis auf die global verschärften Konkurrenzverhältnisse: man müsse kostengünstig und hochflexibel sein, sonst
würde der nächste Auftrag von einer anderen Firma übernommen, der Standort dicht gemacht oder der Markt von der Konkurrenz bedient. Sie alle kennen
diese Argumente aus der Zeitung. Dort erscheinen sie als „Sachzwang", als quasi
natürlicher Ablauf der Ökonomie, dem wir „alle" uns beugen müssen. In der
Tat stehen die einzelnen profitorientierten Unternehmen in Konkurrenz gegeneinander und müssen deshalb ihre Produktionsabläufe als ein ständiges Rennen gegen den anderen veranstalten. Und das bedeutet, bei den heute üblichen

kurzen Produktionszyklen, knappen Personalmitteln und oft einer Abhängigkeit vom Aktienkurs des Unternehmens, von den Beschäftigten permanente Höchstleistungen abzuverlangen.

Umso wichtiger ist es, Ökonomie gerade nicht mehr als Naturereignis zu konzipieren, dem wir alle wie hereinbrechendem Unwetter ausgeliefert sind, sondern an den politischen Charakter von Ökonomie zu erinnern: an ihre Gestaltbarkeit durch Politik. Das meint nicht nur den Staat, sondern auch die sog. „Zivilgesellschaft", also – und hier schließt sich der Kreis – Menschen, die sich als engagierte BürgerInnen und politisch Handelnde in die Strukturen von Gesellschaft und Ökonomie einmischen, und die nicht auf die spontane Selbstkorrektur des ‚Marktes' durch Konsumverzicht vertrauen.

Conclusio

Um es zusammenzufassen: Bei genauerer Betrachtung ist die Wachstums- und Konsumkritik oftmals eine durchaus marktradikale Ideologie. Sie reduziert Gesellschaft und Ökonomie auf Markt, also Tausch, und unterstellt, gesellschaftliche Entwicklungen würden durch individuelles Kaufverhalten maßgeblich beeinflusst werden können. Sie ‚übersieht' dabei die politischen und sozialen Strukturen und Machtzusammenhänge, in die kapitalistische Märkte immer eingebettet sind; der reine, freie Markt mit gleichen Marktzugangsbedingungen für alle ist eine Fiktion. Diese Sichtweise verleugnet herrschende, derzeit noch wachsende soziale Ungleichheit auf allen gesellschaftlichen Ebenen, indem sie die MarktteilnehmerInnen als freie und gleiche konzipiert. Sie reduziert soziales Handeln auf das Kaufen, womit sie nicht nur die politische Gestaltbarkeit von Gesellschaft ausblendet, sondern auch den Arbeitsprozess, also die Tätigkeiten des Herstellens der Waren.

Damit ist Konsumkritik als solche nicht falsch. Aber wirksame Konsumkritik ist notwendig Gesellschaftskritik. Sie reduziert die Probleme nicht auf individuelles Kaufverhalten, sondern fragt nach der sinnvollen Art und Weise zu arbeiten und zu leben. Progressive Konsumkritik ist in diesem Sinne immer Herrschaftskritik – und das ist gerade heute angesichts der mächtigen Interessenkonstellationen in der kapitalistischen Ökonomie hoch relevant. Progressive Konsumkritik ist zudem Ungleichheits- und Ausbeutungskritik, indem sie aufzeigt, wie heute, unter Bedingungen global verschärfter Konkurrenz, die natürlichen und humanen Ressourcen in oftmals brutaler Weise und einzig zum Zwecke der Steigerung von Profit rücksichtslos vernutzt und zerstört werden. Progressive Konsumkritik kann sich schließlich nicht um die demokratische Frage drücken: um als Kritik wirksam zu werden, braucht es die Vielen, die sich selbst – mit langem Atem – in die politische Auseinandersetzung um eine solidarische und gerechte, und das heißt auch: ökologisch nachhaltige Gesellschaft einbringen.

Weiterführende Literatur

AK Postwachstum (Hg.) (2016): ‚Wachstum – Krise und Kritik‘. Die Grenzen der kapitalistisch-industriellen Lebensweise. Frankfurt/New York: Campus Verlag.

Brand, U. (2014): ‚Sozial-ökologische Transformation als gesellschaftspolitisches Projekt‘. In: Kurswechsel, Jg. 28, H. 2, S. 7–18.

Foster, J. B., Clark B.,York R. (2011): ‚Der ökologische Bruch‘. Der Krieg des Kapitals gegen den Planeten, Hamburg.

Dietz, K. Wissen M. (2009): ‚Kapitalismus und natürliche Grenzen. Eine kritische Diskussion ökomarxistischer Zugänge zur ökologischen Krise‘. In: Prokla, Jg. 39, H. 3, S. 351–369.

Steckner, A. Candeias M. (2014): ‚Geiz ist gar nicht geil. Über Konsumweisen, Klassen und Kritik‘. In: RLS-Standpunkte 11/2014, Berlin.

Zinn, K. G. (2015): ‚Vom Kapitalismus ohne Wachstum zur Marktwirtschaft ohne Kapitalismus‘. Hamburg: VSA-Verlag.

Josef Trappel

Grenzenlose öffentliche Kommunikation – oder doch nicht? Medienökonomische und medienpolitische Annäherungen

Abstract: Online media, with its global accessibility, cost-efficiency, and bidirectional communication has outperformed traditional mass-media to some degree, though not substituted. While public communication appears to be technologically and spatially boundless, new media-political challenges claim for new legal and ethical limitations to preserve the public arena of social interaction.

Keywords: access to information, communication infrastructure, social media

Einleitung

Der Titel der Ringvorlesung „Grenzen des Wachstums" beschreibt treffend den Tenor der aktuellen Debatte über die Massenmedien. In mancherlei Hinsicht erreichen Massenmedien ihre Grenzen: Das Fernsehen kann kaum noch neue Zuschauerinnen und Zuschauer dazugewinnen, die Tageszeitungen und die meisten Zeitschriften verkaufen seit über zehn Jahren ständig weniger Exemplare und das Radio kann die nachwachsende Generation nur noch als Begleiterscheinung zu einem uferlosen Angebot an Musikunterhaltung im Internet erreichen. Mit der Publikumsnutzung gehen die ökonomischen Erträge Hand in Hand. Das Geschäft mit den klassischen Medien ist entweder bereits defizitär oder weit von jenen Zeiten entfernt, die über Jahrzehnte hinweg das Mediengeschäft ökonomisch so attraktiv gemacht haben. Die Grenzen des Wachstums sind für diese Medien zweifellos in Sicht, bereits erreicht oder schon überschritten.

Doch dieser Stagnation stehen auch Bereiche der öffentlichen Kommunikation mit robustem Wachstum gegenüber. An vorderster Stelle stehen die so genannten Sozialen Netzwerke wie Facebook, WhatsApp und Instagram. Für die deutschsprachigen Länder liegen keine exakten Nutzungsdaten dazu vor, aktuellen Survey-Befragungen ist zu entnehmen, dass für etwa die Hälfte der Bevölkerung in Österreich (48 Prozent) und der Schweiz (47 Prozent) die Sozialen Netzwerke eine Nachrichtenquelle darstellen, für die jüngeren Kohorten liegen diese Werte noch deutlich höher (Quelle: Reuters Digital News Survey 2016).

Auch die Online-Medien weisen ungebrochen steigende Nutzungszahlen auf. In den deutschsprachigen Ländern liegen dabei die Online-Angebote der klassischen Medien an der Spitze der jeweiligen Rankings. In Deutschland liegt *Bild.de* vor *Spiegel.de*, in Österreich *ORF.at* vor *derStandard.at* und in der deutschsprachigen Schweiz *20minuten.ch* vor *Blick.ch* (jeweils gemessen an Visits im ersten Halbjahr 2016; Quellen: IVW für Deutschland, ÖWA für Österreich und Net-Metrix für die Deutsch-Schweiz). Für alle drei Länder zeigt die Nutzungskurve für die Online-Medien weiterhin nach oben, eine Sättigung ist nicht absehbar.

Schon diese kursorische Bestandsaufnahme zeigt die Verschiebungen in der Medienlandschaft deutlich: Die über die letzten Jahrzehnte dominierenden klassischen Massenmedien Zeitung, Zeitschriften, Radio und Fernsehen haben ihre besten Zeiten hinter sich, mit internet-basierten Anwendungen ist eine neue Form der öffentlichen Kommunikation für viele Menschen attraktiv geworden.

Damit lässt sich unschwer eine weitere Phase der Entwicklung öffentlicher Kommunikation beschreiben. Die institutionelle Geschichte der öffentlichen Kommunikation ist geprägt von einer stufenweisen Erweiterung des Angebotes und damit einhergehend von einer ausdifferenzierten Segmentierung der Nutzung durch die Menschen. Neben die gedruckten Zeitungen ist in den ersten beiden Jahrzehnten des 20. Jahrhunderts das Radio getreten, das in den 50er Jahren vom Fernsehen ergänzt wurde. Seit der Jahrhundertwende treten internet-basierte Medienangebote hinzu und erweitern die Angebotspalette. In dieser Entwicklung ist folgendes Muster erkennbar: Jede Ausdifferenzierung hat zwar ihre eigene Dynamik entwickelt, aber nicht dazu geführt, dass die bestehenden Massenmedien vollständig verdrängt wurden (das vielzitierte „Riepl'sche Gesetz"). So sind die Tageszeitungen als das älteste tagesaktuelle Massenmedium auch heute noch die tragende ökonomische Säule der noch existierenden Zeitungsverlage. Auch in jenen Häusern, die längst das Heil in der Flucht nach vorne ins Internetzeitalter gesucht haben. Deren Online-Medien sind allerdings nicht in der Lage, Erträge zu erwirtschaften, die der gedruckten Zeitung vergleichbar wären. Besser sieht die Lage mit Dienstleistungen aus, die diese Verlage zusätzlich zum ehemaligen Kerngeschäft mit redaktionellen Inhalten anbieten. So erzielte der deutsche Axel Springer Verlag (u.a. Zeitungen Bild, Welt) 2016 mit seiner Digitalsparte mehr Umsatz als mit seinen publizistischen Medien, also mit einer Vielzahl von E-Commerce Anwendungen, von Job-, über Immobilien- und Gebrauchtwagenportale bis zu Eventorganisation und Online-Wetten.

In den vorangegangenen Entwicklungsphasen ist aufgrund der technischen Entwicklungen jeweils ein neues Leitmedium entstanden, das nicht nur eine große Nachfrage beim Publikum hervorrief, sondern auch inhaltlich-publizistisch eine Führungsrolle eingenommen hat. Diese lässt sich dadurch beschreiben, dass auch andere Massenmedien die Themen und Frames der jeweiligen Leitmedien aufnehmen. Dabei zeigte sich, dass die Ablösung eines Leitmediums durch ein anderes keineswegs automatisch und reibungslos vor sich geht und Zeit beansprucht. In Österreich etwa stellt das Fernsehen heute zweifellos ein Leitmedium dar, das den öffentlichen Diskurs maßgeblich mitgestaltet. Aber auch die Kronenzeitung ist weiterhin ein Leitmedium, zwar mit sinkender Reichweite, aber immer noch mit großer Beachtung durch die Leserinnen und Leser. Auch die kostenlos verteilten, aber auf Papier gedruckten Pendlerzeitungen stammen technologisch aus einer verblassenden Periode, sind aber in der Schweiz (20 Minuten/20minuti/20minutes) und in Österreich (Heute, Österreich) viel beachtete Komponenten der öffentlichen Kommunikation.

Seit der massenhaften Verbreitung von stationären und mobilen Internetanschlüssen ist eine weitere Transformation im Gang, die – so die Annahme – erneut zur Entstehung von Leitmedien führen wird. Im Folgenden soll diese Annahme anhand von medienökonomischen und medienpolitischen Überlegungen geprüft werden.

Technische Voraussetzungen

Internet-basierte Kommunikationsmedien sind zunächst dadurch zu charakterisieren, dass die Übertragung von Inhalten auf der technischen Plattform Internet erfolgt. Das Internet selbst ist nicht als Massenmedium zu betrachten, sondern als Kommunikationsinfrastruktur. Diese Infrastruktur wiederum ist im Gegensatz zu allen bisherigen Kommunikationstechnologien dezentral organisiert. Im Internet gibt es kein Zentrum, keine Schaltzentrale, kein Headquarter und auch keine zentrale Redaktion. Vielmehr übertragen die Netzwerkakteure Datenpakete auf dezentralen Wegen zu den Adressaten. In der ursprünglichen technischen Konfiguration besteht dabei keine Hierarchie zwischen diesen Datenpakten, unabhängig von Absender, Adressat und Inhalt. Durch die Zerlegung der Information in einen binären Code besteht auch kein Unterschied zwischen Text, Bild oder Videoinhalten. Diese technische Konfiguration legt die Vermutung nahe, dass die übertragenen Kommunikationsströme anderen Gesetzmäßigkeiten folgen als jene der klassischen Massenmedien mit ihren zentral gesteuerten Kommunikationsflüssen, von einem Zentrum (Redaktion, Druckerei, Sendestudio und -anlage) zu den dezentralen Adressaten (Haushalte, Leserinnen und Leser, Zuhörerinnen und Zuschauer).

Mit der Nutzung des Internet ist auch das Teilen derselben Plattform durch alle Kommunikationsakteure verbunden. Hatten Radio und Fernsehen noch ihre jeweils eigene Verbreitungsinfrastruktur (terrestrische Sendeanlagen,

Kabelnetze, Satellitentransponder), auf denen ausschließlich Radio oder Fernsehen übertragen wurde, so besteht im Internet Inklusion: Alle Akteure teilen sich die Infrastruktur, alle User können auf alle Inhalte zugreifen. Tendenziell ist dann mit Engpässen zu rechnen, wenn einzelne Akteure die endliche Kapazität des Internet systematisch intensiver benutzen als andere. Dies ist aktuell mit den audio-visuellen Angeboten von YouTube und Netflix der Fall. Die Inhalte dieser beiden Anbieter belegen wegen der intensiven Nutzung durch die User einen Großteil der verfügbaren Internet-Bandbreite – auf Kosten anderer Akteure. Ein Verteilungskonflikt ist vorprogrammiert, und wird unter dem Titel der Netzneutralität diskutiert.

Ein weiteres Merkmal Internet-basierter Kommunikation besteht darin, dass rein technisch keine Asymmetrie zwischen Sender und Empfänger mehr besteht. Vereinfacht ausgedrückt können an jedem Internet-Terminal mit gleicher Berechtigung Daten empfangen und gesendet werden. Nicht nur die versendeten Datenpakete unterliegen technisch keiner Hierarchie, sondern auch das Verhältnis zwischen Sender und Empfänger nicht. Zwischen Kanal und Rückkanal, dem dominierenden Distinktionsmerkmal der klassischen Massenmedien, besteht in der Internet-Kommunikation also kein technischer Unterschied. Auch wenn in der Realität die Netz- und Service-Provider aus Gründen der Kapazitätsverteilung des Upload- und Download-Traffics die Kapazität unterschiedlich ausgestaltet haben (ASDL = asymmetric digital subscriber line), so besteht doch für alle User die Möglichkeit, den Rückkanal zur Interaktion zu verwenden.

Ein weiteres, häufig angeführtes Merkmal der digitalen Kommunikation ist ihre Mobilität bei Empfang und Versand von Inhalten. Dieses Merkmal unterscheidet die digitale Kommunikation allerdings nicht grundlegend von den anderen Medientechnologien. Der Radioempfang war von Anfang an auf die portable und mobile Nutzung zugeschnitten. Zeitungen sind per se ein mobiles Medium, das ohne Einschränkungen portabel und mobil gelesen werden kann. Selbst Fernsehen ist seit der Digitalisierung zumindest theoretisch mobil empfangbar, auch wenn die Markteinführung der entsprechenden Technologie für den mobilen Empfang bis auf weiteres gescheitert ist (DVB-H für Smartphones).

Soziale Netzwerke, oft auch Soziale Medien genannt, unterscheiden sich hingegen grundlegend von Massenmedien. Während Massenmedien aus einer oder mehreren zentralen Redaktionen heraus gestaltet, präsentiert und verbreitet werden, besteht bei Sozialen Netzwerken kein solches Zentrum. Die Inhalte werden nicht von den Netzwerkbetreibern hergestellt, sondern von den Usern. Bei Zeitungen, Radio und Fernsehen verhält es sich umgekehrt: Die Medienbetreiber sorgen für die Inhalte, die den Usern dann zur Verfügung gestellt werden. In

Sozialen Netzwerken sind Massenmedien den anderen Usern gleichgestellt, sie können ebenfalls Inhalte beitragen und teilen. Diese Inhalte sind aber gegenüber User-generierten Inhalten nicht privilegiert.

Für die User ist Verfügungs- und Gestaltungsmacht weder mit der Nutzung von klassischen Massenmedien, noch von sozialen Netzwerken verbunden. Im Fall der klassischen Medien beschränkt sich die Macht der User auf das Ein- und Ausschalten und das Lesen oder Nicht-Lesen. Bei den sozialen Netzwerken legen die Netzwerkbetreiber die Regeln, nach denen die User Inhalte posten, liken und sharen können, in den Geschäftsbedingungen fest. Die User haben darauf keinen Einfluss, sie können diese Regeln nur akzeptieren, und an dem Netzwerk teilnehmen, oder ablehnen, und von der Teilnahme ausgeschlossen bleiben.

Medienökonomische Annäherungen

In der Medienökonomie gelten Massenmedien als Dienstleistungen, die sich durch eine einzigartige Kombination von Eigenschaften von anderen Gütern und Dienstleistungen unterscheiden. Diese Charakteristika sorgen dafür, dass Massenmedien, die alleine den Marktkräften ausgesetzt sind, rasch die ‚Checks and Balances' des Marktes außer Kraft setzen. So tendieren Massenmedien dazu, den Wettbewerb zwischen Anbietern zu eliminieren, indem die marktmächtigen Unternehmen ihre Wettbewerber aus dem Markt drängen. Medienkonzentration und Monopole sind das unerwünschte Marktergebnis.

Im Folgenden werden nun drei ausgewählte Charakteristika der Massenmedien vorgestellt und daraufhin überprüft, ob diese auch auf die internet-basierte Kommunikationsmedien zutreffen.

Fixkostendegression: Vereinfacht ausgedrückt wird in der Literatur darunter die Eigenschaft verstanden, dass höhere Stückzahlen eines zu festen Kosten produzierten Gutes zu tieferen Herstellungskosten pro Stück führen. Bei Unikaten ist dies gar nicht der Fall. Ihre Herstellung kostet für jedes Stück gleich viel. Werden hingegen sehr viele gleiche Exemplare hergestellt, so sinken die Kosten pro Stück. Die Massenmedien sind prototypisch für die Fixkostendegression. Die Kosten für die Herstellung eines Stücks sind fix und hoch (redaktioneller und technischer Aufwand), sie sinken jedoch mit jedem weiteren Stück und tendieren gegen Null, wenn die Stückzahlen stark ansteigen (Beispiel Zeitungsexemplare). Am effektivsten ist jener Betrieb, der die höchsten Stückzahlen zu konstanten Preisen absetzen kann. Dies führt zu einem wachsenden Wettbewerbsvorteil des größten Unternehmens und damit zur Marktkonzentration. In einer wettbewerbsorientierten Marktwirtschaft ist das unerwünscht.

Digitale Kommunikation zeichnet sich ebenfalls durch Fixkostendegression aus. Online-Medien sind in dieser Hinsicht den traditionellen Medien gleichzuhalten, auch wenn die am Markt durchsetzbaren Verkaufspreise bisher kaum der Rede wert sind. Sie sind damit den kostenlosen Pendlerzeitungen ähnlich, die ebenfalls keinen Kaufpreis für Leserinnen und Leser aufweisen. In beiden Fällen spielt die Fixkostendegression aber den marktführenden Unternehmen in die Hände. Besonders deutlich tritt dieser Marktkonzentrationseffekt bei den Sozialen Netzwerken auf. Deren Fixkosten steigen kaum mit der Menge der angemeldeten User, wohl aber der Nutzen für die Betreiber und die Mitglieder dieser Netzwerke. Wie schwer der Wettbewerb gegen ein marktführendes Unternehmen in einem Geschäft mit ausgeprägter Fixkostendegression ist, zeigt das Beispiel *Google+*. Obwohl dieses Netzwerk den kapitalkräftigen *Alphabet*-Konzern (*Google*) hinter sich hat, ist es *Google+* nicht gelungen, die Vormachstellung von Facebook auch nur im Ansatz anzugreifen. Die Fixkostendegression ist also in vergleichbarem Ausmaß ein Merkmal traditioneller Massenmedien und Internet-basierter Kommunikation. Wettbewerbsschädigende Konzentration ist in beiden Medienformen die Regel.

Netzwerkeffekte: Robert Metcalfe, ein Internetpionier, hat eine nach ihm benannte Regel formuliert: „Der Wert eines Netzwerks steigt proportional zum Quadrat der Anzahl angeschlossener Geräte. Der Wert steigt exponentiell, während die Anzahl der Teilnehmer linear wächst" (Gilder 2000, 73) Diese Regel lässt sich anhand des Faxgerätes, eines typischen Netzwerkgutes, leicht illustrieren. Als es nur ein Faxgerät gab, war es nutzlos. Erst das zweite Faxgerät verlieh diesem Apparat die Fähigkeit, einen auf Papier festgehaltenen Inhalt über eine Distanz hinweg zu übertragen. Der Nutzen stieg mit jedem weiteren Apparat, denn die möglichen Verbindungen nehmen mit der Anzahl der Apparate exponentiell zu. Ähnlich verhält es sich mit den Sozialen Netzwerken: Je mehr Menschen daran teilnehmen, desto höher ist der Nutzen für alle. Facebook profitiert von dem Umstand, das größte Soziale Netzwerk zu sein, und für neue Teilnehmende ist dieses Netzwerk am attraktivsten, weil dort potentiell mit der größten Anzahl an Usern Austausch stattfinden kann. Der Netzeffekt stärkt den größten Anbieter. Dies bekam auch der einzige ernstzunehmende Wettbewerber, MySpace, zu spüren. Schon kurz nachdem Rupert Murdoch 2006 MySpace übernommen hatte, versank die Nummer Zwei im Markt der Sozialen Netzwerke in der Bedeutungslosigkeit. Auf den Punkt gebracht: *The winner takes it all*. Dies schließt nicht aus, dass Managementfehler auch solche marktführenden Unternehmen existenziell gefährden, wie der verantwortungslose Umgang von Facebook mit den Daten der User in den Jahren 2017 und 2018 zeigt. Klassische Massenmedien profitieren nur im Ansatz von Netzwerkeffekten. Nutzen viele

Menschen dieselben Massenmedien, so entsteht eine gemeinsame Gesprächsbasis für Anschlusskommunikation. Dies war etwa in den 1960er und 1970er Jahren regelmäßig der Fall, als nur ein oder zwei Fernsehprogramme zu empfangen waren und die Menschen jeweils gemeinsam über das Programm des Vortrages sprechen konnten. Mit der Diversifizierung des Angebotes verflüchtigten sich diese Netzwerkeffekte.

Öffentliche/private Güter: Zwei Kriterien unterscheiden öffentliche von privaten Gütern und Dienstleistungen. Herrscht zwischen den Nutzerinnen und Nutzern einer Dienstleistung keine Rivalität, so gilt diese Dienstleistung als öffentlich. Die meisten Dienstleistungen sind privat: So kann ein Frisör immer nur eine Person gleichzeitig bedienen, daher herrscht Rivalität zwischen den Kundinnen und Kunden. Massenmedien und Soziale Netzwerke hingegen stehen allen Interessierten in gleichem Ausmaß zur Verfügung, und die Nutzung durch eine Person hindert keine andere Person an der Nutzung.

Das zweite Kriterium ist die Ausschließbarkeit von der Nutzung durch den Erbringer einer Dienstleistung. Im Regelfall kann eine Dienstleistung nur genutzt werden, wenn ein angemessenes Entgelt dafür bezahlt wird. Ohne Bezahlung bleiben Interessierte ausgeschlossen. In diesem Fall ist die Dienstleistung privat. Können Dienstleistungen jedoch genutzt werden, ohne dass der Erbringer jemanden ausschließen kann, so gilt sie als öffentlich. Kostenlos verteilte Pendlerzeitungen, die meisten Online-Medien und das privat-kommerzielle Fernsehen sind in diesem Sinne öffentliche Dienstleistungen. Auch Facebook und Google verzichten auf einen finanziellen Beitrag der User und machen auf diese Weise aus ihrem Geschäft eine öffentliche Dienstleistung. Traditionelle und online-basierte Kommunikation unterscheiden sich in diesem Charakteristikum nicht.

Für öffentliche Dienstleistungen kommt in Marktwirtschaften kein privates Angebot zustande, weil die Nutzerinnen und Nutzer für die Dienstleistung keinen finanziellen Beitrag leisten. Dass klassische Massenmedien und Soziale Netzwerke trotzdem existieren, verdanken sie dem Dreiecksgeschäft mit der Werbung: Die Aufmerksamkeit der Nutzerinnen und Nutzer wird an die werbungtreibende Wirtschaft verkauft.

Trotz der fundamental unterschiedlichen technischen Architektur unterscheiden sich in allen drei betrachteten Charakteristika die traditionellen kaum von den internet-basierten Kommunikationsmedien. Aufgrund dieser Charakteristik ist damit zu rechnen, dass sich auch in der neuen Phase Leitmedien herausentwickeln werden. Facebook (mit seinen Produkten WhatsApp und Instagram) sowie Alphabet (Google) haben gute Chancen, die öffentliche Kommunikation dauerhaft zu prägen.

Medienpolitische Annäherungen

Demokratische Gesellschaften unterwerfen politische, wirtschaftliche und kulturelle Macht der Kontrolle. Diese Kontrolle wird durch vielfältige Mechanismen ausgeübt, etwa die parlamentarische Kontrolle der Regierung, die sozialpartnerschaftliche Kontrolle der Unternehmen oder die paritätisch zusammengesetzten Gremien der Selbstverwaltung in Universitäten. Eine besondere Rolle spielen die Massenmedien, deren Aufgabe sich nicht in der Information, Bildung und Unterhaltung der Bevölkerung erschöpft, sondern sich auf die Kontrolle jener erstreckt, die in der Gesellschaft Macht ausüben. In der Literatur ist von einem „sozialen Vertrag" die Rede (McQuail 1999, 29), an den sich Staat und Medien halten. Der Staat sichert die Freiheit der Medien, die Medien sorgen im Gegenzug für öffentliche Kontrolle. Dazu sind nicht nur organisatorische Strukturen erforderlich, sondern auch journalistische Kompetenz.

Eine Errungenschaft moderner Demokratien besteht darin, politisch dafür zu sorgen, dass die Medien ihre Aufgaben möglichst unabhängig und staatsfern erfüllen können. Veränderte Medien erfordern eine sorgfältige medienpolitische Analyse, in welcher Form der soziale Vertrag von beiden Seiten weiterhin erfüllt werden kann.

Die aktuelle Transformation stellt einige Grundlagen in Frage: So führt die anhaltende ökonomische Krise der traditionellen Massenmedien dazu, dass mit den journalistischen Kapazitäten auch Expertenwissen für die Kontrolle abgebaut wird. Medienkonzentration, also die Ballung von publizistischer Präsenz in der Hand weniger Unternehmen, wirkt der Meinungsvielfalt entgegen.

Die zunehmende Ausrichtung von Medieninhalten an den Wünschen der Werbewirtschaft (Kommerzialisierung) führt dazu, dass Bedürfnisse und Ansprüche jener Mitglieder der Gesellschaft vernachlässigt werden, die nicht einer konsumfreudigen und kaufkräftigen Werbezielgruppe angehören. Medienpolitik versucht diese unerwünschten Veränderungen in die Schranken zu weisen, indem sie etwa die Kartellgesetzgebung an die Realität der Medien anpasst und Qualitätsberichterstattung gezielt finanziell fördert.

Mit den Sozialen Netzwerken als neuen Leitmedien stellen sich aber neue medienpolitische Probleme. Aufgrund ihrer globalen Tätigkeit sind Facebook und Google nur begrenzt durch nationale oder auch europäische gesetzliche Schranken zu steuern. Drei damit verbundene Probleme bedürfen der medienpolitischen Klärung:

Erstens stellen die Sozialen Netzwerke den Bürgerinnen und Bürgern eine Plattform zur Verfügung, die eigene Meinung zu äußern und mit anderen zu teilen. Dieser positive Beitrag zur Meinungsvielfalt findet aber dort seine Grenze, wo in den Sozialen Netzwerken Hassreden, Beschimpfung und Verleumdung stattfinden. Verstehen sich die Netzwerkbetreiber aber selbst nicht als verantwortlich für die Inhalte der User, so bleiben solche unerwünschten und strafbaren Botschaften unangetastet im Netz. Die Sozialen Netzwerke begünstigen in diesen Fällen die Verbreitung unerwünschter Botschaften. Die Netzbetreiber zur Rechenschaft zu ziehen, stößt auf Probleme der Zuständigkeit und der Jurisdiktion dieser globalen Akteure.

Umgekehrt können, zweitens, die internen Regeln der Netzwerkbetreiber auch dazu führen, dass aufklärerische Inhalte gesperrt und ausgeschlossen werden, wenn sie von den eingesetzten Algorithmen nicht richtig erkannt und interpretiert werden. Auch in solchen Fälle ist die Durchsetzung der Meinungsfreiheit von dem Good-will der Netzwerkbetreiber abhängig.

Drittens verleiten Soziale Netzwerke die User dazu, nur mehr jene Informationen und Inhalte zur Kenntnis zu nehmen, die mit der eigenen Meinung übereinstimmen. Diese Tendenz ist schon aus der Welt der klassischen Massenmedien bekannt: Menschen nehmen bevorzugt jene Informationen auf, die in ihr Weltbild (ihre Prädisposition) passen; andere Meldungen werden tendenziell ignoriert. Während das publizistische Geschäft der traditionellen Massenmedien darin bestand, dessen ungeachtet ihr Publikum mit einer Vielfalt an Informationen und Meinungen zu konfrontieren, besteht jenes der Sozialen Netzwerke darin, die Informationen nach den algorithmisch ermittelten Präferenzen der User zu filtern. So gelangen nur jene Meldungen zu den Usern, die mutmaßlich deren Präferenzen entsprechen. Je ausgefeilter die Algorithmen, desto selektiver die Wahrnehmung der Welt durch die User. Die so entstehenden kommunikativen Räume reduzieren die Meinungsvielfalt, was in demokratischen Gesellschaften höchst unerwünscht ist.

Die Medienpolitik sieht sich also durch die internet-basierten Kommunikationsmedien mit neuen Herausforderungen konfrontiert, will sie auch in Zukunft dafür Sorge tragen, dass die Leitmedien der neuen Generation ihre Aufgaben im Rahmen des sozialen Vertrages erfüllen.

Schlussfolgerungen

Nicht die öffentliche Kommunikation selbst kommt an ihre Grenzen, sondern die über Jahrzehnte hinweg kultivierte Massenkommunikation. Der Transformationsprozess ist in vollem Gange und noch ist nicht klar, welche neuen Leitmedien mit welchen Charakteristika und Qualitäten in Zukunft die öffentliche Kommunikation prägen werden.

Die letzten drei Präsidentschaftswahlkämpfe in den Vereinigten Staaten (2008, 2012 und 2016) haben gezeigt, dass neue Formen ihren Platz beanspruchen. So hat sein Internet-basiertes Crowd-Funding im Wahlkampf 2008 dem damals politisch relativ unbekannten Barack Obama zum Sieg in den Vorwahlen verholfen. 2016 hat der spätere Präsident Donald Trump das Soziale Netzwerk Twitter zur direkten Kommunikation mit seinen Wählerinnen und Wählern eingesetzt und auf diesem Weg den demokratisch erwünschten journalistischen Filter umgangen. Mehr noch: Mit seiner fortgesetzten Medienschelte hat Trump den sozialen Vertrag in Frage gestellt und die Medien in Pausch und Bogen der Unredlichkeit geziehen. Nach der Amtseinführung im Januar 2017 beginnt sich der Widerstand gegen diese Art der Umgehung der medialen Kontrolle zu formieren.

Die medienpolitische Aufgabe besteht darin, die Ideale der Aufklärung und des freien Zugangs zu vielfältigen Meinungen im Prozess der Transformation der öffentlichen Kommunikation zu verteidigen. Konzentration, Kommerzialisierung und die Herausbildung von in sich geschlossenen Referenzräumen wirken diesem Ideal entgegen. Effektive Schranken sind national, europäisch und global auszuhandeln.

Literatur

Gilder, G. (2000): 'Telecosm. How Infinite Bandwidth Will Revolutionize Our World'. New York, London, Toronto, Syndey, Singapore: Free Press.

McQuail, D. (1999): 'On Evaluating Media Performance in the Public Interest: Past and Future of a Research Tradition'. In: Nordenstreng, Kaarle / Griffin, Michael (Hg.): International Media Monitoring. Cresskill (NJ). (Hampton Press). S. 25–38.

IVW, Informationsgemeinschaft zur Feststellung der Verbreitung von Werbeträgern e.V. <www.ivw.de > Zugriff 24.2.2018.

Net Metrix AG: <www.net-metrix.ch> Zugriff 24.2.2018.

ÖWA, Österreichische Webanalyse: <www.oewa.at> Zugriff 24.2.2018.

Thomas Steinmaurer

Ambivalenzen im Netz – Risiken der Digitalisierung und Chance der Transformation

Abstract: Current information and communication technologies possess simultaneously novel social and political opportunities such as integration, participation or transparency and socio-political risks like fragmentation, exclusion or social scoring. The theory of structuration can help interrelating both sides of this technological coin.

Keywords: digital citizenship, networked individualism, structure, agency

Phänomene des digitalen Wandels

Mit dem digitalen Wandel haben wir es mit einem Prozess zu tun, der für die Gesellschaft fundamentale Veränderungen in vielen Bereichen mit sich bringt. Die weitreichende Durchdringung mit digitalen Kommunikationstechnologien, die wir auch als Mediatisierung bezeichnen können, verändert nachhaltig unsere Alltagswelten, bringt neue Rahmenbedingungen für Politik, Demokratie und Kultur mit sich und führt in vielen Lebensfeldern zu nachhaltigen Konsequenzen. (vgl. z.B. Krotz 2007; Krotz und Hepp 2012) Effekte der Globalisierung verstärken sich massiv, Tendenzen der Kommerzialisierung und Ökonomisierung von Kommunikation erlangen immer größere Bedeutung und auch soziale Trends, wie die der Individualisierung, nehmen zu. Zudem stellen wir Transformationen und Entgrenzungen fest, denn es fällt uns etwa immer schwerer, klare Trennlinien zwischen Arbeit und Freizeit oder Privatheit und Öffentlichkeit zu ziehen, da die Technologien der Digitalisierung bislang tradierte Zonen zwischen diesen Lebensbereichen tendenziell auflösen. Mit der Digitalisierung wandelten sich unsere privaten wie beruflichen Kommunikationskulturen und neue Spielarten und Stile digitaler Interaktion konnten sich gesellschaftlich etablieren. Zudem verändern digitale Formen der Vernetzung politische Kommunikationskulturen und neue Chancen der Partizipation treffen auf Tendenzen der Exklusion und Radikalisierung. Wir haben es also insgesamt mit medientechnologischen und sozialen Wandlungsprozessen zu tun, die sich – auch im historischen Kontext – als durchaus epochale neue Transformationen verstehen lassen.

Mit dem Übergang in die „Netzwerkgesellschaft" (Castells 2001) verstärken sich – wie oben erwähnt – Effekte der Kommerzialisierung, und es sind

überwiegend die eng an die Ökonomisierung gekoppelten neuen technologischen Innovationen, wie aktuell unterschiedliche Anwendungsformen der
Datafizierung, die das Spiel der Kräfte dominieren und die Geschwindigkeit des
Wandels vorgeben. Und neue Entwicklungen auf dem Feld der Artificial Intelli-
gence, des Internet of Things oder Cloud Computings setzen Innovationskräfte
frei, die wiederum nächste Entwicklungspfade in eine „Post-Internet Society"
erkennen lassen. (vgl. Mosco 2017) Klassische Sektoren der Gesellschaft wie die
der Politik, Institutionen der Medien- bzw. Technologie-Regulierung oder auch
Strukturen der Bildung, hinken diesen technologischen Entwicklungsdynami-
ken meist hinterher und sehen sich einem beständig steigenden Anpassungs-
druck ausgesetzt. Insgesamt lässt sich feststellen, dass die verstärkten digitalen
Vernetzungsdynamiken Effekte einer gesellschaftlichen Fragmentierung mit
sich bringen und Formen der Integration, wie sie vielleicht noch – über eine
gewisse Zeitspanne zumindest – durch klassische Massenmedien (wie z.B. das
Fernsehen) erzielt wurden, in Auflösung begriffen sind. Im Zeitalter hochgradig individualisierter digitaler Netzwerktechnologien stellt sich gleichzeitig aber
auch die Frage, inwiefern nicht gerade neue netzwerkbasierte Kommunikations-
und Sozialisierungsformen dazu beitragen könn(t)en, neue Integrationsleistun-
gen zu entfalten oder ob dadurch gesellschaftliche Fragmentierungstendenzen
erst recht weiter zunehmen.

Zu Beginn der Internet-Entwicklung waren es vielfach die Potentiale und
Chancen, die die Entwicklungsgeschichte des Netzes dominierten. Es war u.a.
die Electronic Frontier Foundation (EFF), die sich mit ihrer ‚Unabhängigkeits-
erklärung des Cyberspace' für ein freies Netz ohne große Monopole der Macht
stark machte. Rasch popularisierte sich die von Wissenschaftlern und Techno-
logen ersonnene Idee einer globalen kommunikativen Vernetzung der Menschheit. Es sollte nicht allzu lang dauern, bis auch staatliche Innovationsprogramme
verstärkt auf die Idee digitaler ‚Info-Highways' (wie im Fall der USA seitens der
Regierung Clinton) setzten oder das Programm des Aufbaus von ‚Datenauto-
bahnen' (in der EU-Version) vorangetrieben wurde. Der erste große Hype um
das weltweit digitale Netz in den USA war getragen von jener ‚kalifornischen
Ideologie', die „klammheimlich den frei schwebenden Geist der Hippies mit
dem unternehmerischen Antrieb der Yuppies" verband (Barbrook und Cameron
1997) und daraus Innovationskulturen entstehen ließ. Die Visionen und Euphorie über die Zukunft eines globalen digitalen Netzes befeuerten in der Folge
zunehmend auch die ökonomischen Phantasien großer Medien- und Netzwerk-
unternehmen. Nach dem Platzen der ersten Dotcom-Blase an den Börsen stellte
sich allerdings eine gewisse Ernüchterung ein und es wurden vermehrt auch kritische Stimmen laut: Die große Hoffnung, das Netz würde vielen Unternehmen

zu schnellem Erfolg verhelfen, sollte sich für eine große Zahl von Investoren zunächst in Luft auflösen. Nur wenige Plattform-Player sollten sich durchsetzen, die heute zu weltweit Monopolen wurden und das Spiel der Kräfte dominieren. Und die anfänglich von vielen Netzwerk-Idealisten – wohl auch zu Recht – verfolgte Idee, dass sich über den Weg einer offenen Selbstregulierung des Internets die Beteiligungschancen, Partizipationsmöglichkeiten und Wissenszugänge für die Gesellschaft zum Wohle aller drastisch verbessern würden, sollte sich nur zum Teil bewahrheiten. Mit der flächendeckenden Kommerzialisierung haben wir es heute mit einer digitalen Infrastruktur zu tun, die sich die Euphoriker der ersten Internet-Generation so sicher nicht erträumt und vorgestellt hatten.

Ambivalenzen im Netz

Wenn wir heute die Strukturentwicklungen im Netz beobachten, stoßen wir auf eine Reihe sehr ambivalenter Tendenzen und Prozesse. Sie verdeutlichen den Befund, dass die ohne Zweifel vorhandenen Potentiale im Netz vielfach nicht – oder nur zu einem geringen Teil – genutzt werden, die konkrete Ausschöpfung von Partizipations- und Informations- oder Kommunikationschancen hinter ihren Möglichkeiten bleibt und kritische Tendenzen eine immer zentralere Rolle zu spielen scheinen. (vgl. Steinmaurer 2017)

Grundsätzlich haben wir es durch die technischen Innovationen der digitalen Kommunikationstechnologien mit einer enorm hohen Vielfalt an Möglichkeiten der Information und Partizipation zu tun, die uns in dieser Fülle historisch noch nie zur Verfügung standen. Dennoch konzentrieren sich aktuell die Aufmerksamkeiten im Netz auf wenige große Plattformen und Portale, die inzwischen zu den neuen globalen Monopolisten aufgestiegen sind. Sie stellen im Internet die zentralen Netzwerkknoten dar und haben neue digitale Geschäftsmodelle durchgesetzt, in deren Rahmen die Daten und Aufmerksamkeit der Nutzerinnen und Nutzer zur zentralen Währung wurden und daher Anbieter wie Google, Facebook oder Instagram nur scheinbar gratis ihre für viele unabkömmlichen Dienste anbieten. Nicht ohne Grund führen Netzgiganten wie Google und Facebook heute die Liste der weltweit größten Medienunternehmen an.

Gerade den Social Networks ist es gelungen, unsere Bedürfnisse nach sozialer Einbindung und Vernetzung in einer Art und Weise zu monetarisieren, die das eigentliche Tauschgeschäft dahinter verschleiert. Im Kern findet im Rahmen des Digitalisierungsparadigmas und insbesondere in den aktuell dominierenden Kommerzialisierungsvarianten eine Ökonomisierung von Sozialität statt, welche in unterschiedlichen Ebenen der Gesellschaft weitreichende Veränderungen mit sich bringt. Und in einer Vielzahl derzeit sich vollziehender

Transformationsprozesse haben wir es mit ambivalenten Entwicklungen zu tun, in deren Rahmen neue Möglichkeiten, Potentiale oder Chancen auch in gegenläufige Tendenzen, wie die einer verstärkten Überwachung oder Erosionsformen von Privatheit, münden (können).

So treffen wir etwa auf zahlreiche Widersprüchlichkeiten auf der Ebene der Teilhabemöglichkeiten im digitalen Netz: auch wenn etwa in den 1930er-Jahren Bertolt Brecht die Chance der Partizipation und gesellschaftlichen Teilhabe auf der Ebene der damals neuen Technologie des Rundfunks bereits kommen sah bzw. solche vehement einforderte, steht uns diese heute in einer Potentialität zur Verfügung, die sich selbst der große Dichter und Politaktivist nicht vorzustellen wagte. In der Realität sehen wir uns allerdings heute vielfach mit dem Befund konfrontiert, dass die neuen Möglichkeiten der Partizipation und aktiven Teilhabe an politischen oder bürgerschaftlich orientierten Prozessen nur zu einem geringen Teil wahrgenommen werden. Vielmehr treffen wir auf einen oftmals passiven Kommunikationshabitus in der Masse der Userinnen und User, deren politischer Aktivismus sich nur auf ein ‚Like‘ oder ‚Gefällt mir‘ beschränkt und in dieser Form einer ‚faulen Partizipation‘ vermutlich eher den merkantilen Interessen großer Plattformen dienlich ist, als Dynamiken einer echten politische Teilhabe in Gang setzt.

Potentiell lassen sich aber über Social Media-Plattformen Aufmerksamkeiten für kritische Gegen-Öffentlichkeit(en) erzeugen oder Missstände aufzeigen, die in dieser Form in der Welt der klassischen Medien vermutlich nie das Licht der Öffentlichkeit erblickt hätten. Es wird damit Raum für Meinungen und Anliegen geschaffen und die Möglichkeit für Artikulation eröffnet, also eine Form von Sichtbarkeit, die allerdings auch von antidemokratischen und politisch radikalen Kräften zunehmend genutzt wird. Zudem kommt es durch – über das Netz sich schnell verbreitende – Fake News nicht selten zu einer „Vergiftung" öffentlicher Diskurse. Zudem befeuern über Algorithmen gesteuerte Social Bots neue Formen der Hate Speech und die Radikalisierung von Debatten. Und zudem wissen wir, dass es auf der Basis von Algorithmen zur Ausbildung von Filter-Bubble-Effekten kommt, die oftmals nur auf eine Bestätigung vorhandener Nutzermeinungen hinauslaufen. Daraus folgen wiederum diskursive Abschottungen von Diskurswelten, die digitalen Fragmentierungstendenzen weiteren Vorschub leisten.

Ein weiterer Widerspruch im Kontext der Digitalisierung liegt in der Tatsache, dass der (v.a. anfänglich) hoch gehaltene Faktor von Transparenz sich oftmals auch in sein Gegenteil verkehrt und zu neuen Formen der Überwachung führt. So ist heute nicht nur eine Top-Down-Überwachung präziser als jemals zuvor möglich, es eröffnen sich im Netz nunmehr auch Varianten der gegenseitigen

Nachverfolgbarkeit individueller Datenspuren. Zudem wird eine zunehmende Menge an Geo-Daten für ökonomische Verwertungsformen herangezogen, ohne dass für die Nutzerinnen und Nutzer die konkreten technischen Prozesse im Hintergrund transparent werden. Nicht nur in diesem Zusammenhang zeigt sich immer wieder eine Widersprüchlichkeit, die wir als ‚Privacy-Paradox‘ beschreiben können. Dieses Phänomen bezeichnet eine von Nutzerinnen und Nutzern zwar behauptete, nicht jedoch in den konkreten Netzwerk-Handlungen realisierte Achtsamkeit im Hinblick auf den Schutz der Privatsphäre. So kann vor allem für die sogenannten ‚Digital Natives‘ generell von einer schwindenden Schutzbedürftigkeit in Bezug auf unterschiedliche Formen von Privatheit ausgegangen werden. Jedenfalls bedarf es bestimmter Kompetenzen und Fähigkeiten, um im Umfeld hochgradig vernetzter Kommunikationswelten ein wirksames Management von Privatheit umsetzen zu können, da im Widerspruch zwischen der „Convenience" bestimmter Applikationen und digitaler Dienste die Nutzerinnen und Nutzer oftmals darauf verzichten, auf den Schutz ihrer Privatsphäre zu achten. Insgesamt kommt es damit an vielen Stellen zu soziokulturellen Verschiebungen und habituellen Veränderungen in Bezug auf das soziale Handeln des Menschen und seiner kommunikativen Einbettung in die Gesellschaft, die es in vielerlei Hinsicht sehr ernst zu nehmen gilt.

Das Individuum in der vernetzten Gesellschaft

Das Phänomen der digitalen Vernetzung lässt sich heute also als ein Metatrend in einer mediatisierten Gesellschaft verstehen. Exemplarisch verdeutlicht sich dies auf der Ebene des Individuums durch seine Dauervernetzung über mobile Devices. Insbesondere mit dem Smartphone ist dem mobilen Menschen ubiquitär eine permanente Vernetzung garantiert. (vgl. Steinmaurer 2016) Dieser Modus von Dauervernetzung korrespondiert mit jenem Konzept, das Wellman (2000) als ‚Networked Individualism‘ beschreibt, in dem das mobil vernetzte Individuum zu einem mobilen Kommunikationsknotenpunkt wurde. In diesem neuen Zustand der kommunikativen Einbindung eröffnen sich dem Menschen neue Chancen und Moglichkeiten der Kommunikation, viele Interaktionsmöglichkeiten flexibilisieren sich bzw. werden effektiver und eine kaum noch überblickbare Vielfalt von Applikationen eröffnet Zugang zu Diensten unterschiedlichster Art. Gleichzeitig bringen die digitalen Innovationen der Dauervernetzung aber auch Risiken mit sich und sind nicht selten mit Überforderungen des Menschen verbunden.

Eine dieser neuen kritischen Phänomene lässt sich in der beständig sich steigernden Beschleunigung der digitalen Kommunikationsformen erkennen, die im Alltag zu einer konstanten Steigerung von Interaktions-Offerten führt. Hartmut Rosa (2005) spricht in diesem Zusammenhang von der Logik einer permanenten Optionensteigerung und einer eskalativen Vermehrung von Kontakten, deren Bewältigung uns im Zustand des Multitaskings nur scheinbar den Effekt von Effizienz vermittelt. Wir sind also im Zustand der Dauervernetzung strukturell einer Reihe von Überforderungen ausgesetzt, welche wir vermutlich nur mehr bedingt zu bewältigen in der Lage sind. So können wir auf der Nutzungsebene auch Effekte einer zunehmenden digitalen Nervosität feststellen, die mitunter dazu beiträgt, dass sich bei den jungen Nutzerschichten deutlich abnehmende Aufmerksamkeitsfähigkeiten manifestieren. Gleichzeitig werden die neuen digitalen Gadgets, die auch immer näher an den Körper des Menschen heranrücken und damit zu einem neuen digitalen Sinnesorgan werden, vermehrt auch für Formen der digitalen Selbstvermessung und Selbstoptimierung herangezogen. Zumeist zielen diese Optimierungstechniken auf die Steigerung der körperlichen Fitness ab, verleiten aber die Nutzerinnen und Nutzer auch dazu, intime Daten über ihren Körper auf Sozialen Netzwerken mit anderen zu teilen und damit in einen Wettbewerb mit anderen einzutreten. Und auch auf der Ebene des digitalen Identitätsmanagements sind die Nutzerinnen und Nutzer tendenziell dazu angehalten, permanent an der Pflege ihres digitalen Ichs und Profils zu arbeiten. Diese Formen einer Kommerzialisierung sozialer Kommunikation zwingen die Nutzerinnen und Nutzer der Social Media zu einem permanenten Reputationsmanagement ihres „unternehmerischen Selbst" (Bröckling 2007) und tragen dadurch dazu bei, ein ökonomisches Verhältnis der Menschen zu sich selbst zu entwickeln.

Zudem stoßen wir auf das Phänomen, dass die Technologien der digitalen Vernetzung vermehrt auch als ausgelagerte ‚Wissensprothesen' genutzt werden. Wir delegieren tendenziell unsere Wissens-Kompetenzen an die digitalen Netzwerke und gehen damit möglicherweise der Fähigkeit verlustig, uns eigenständige Wissensstrukturen zu erhalten bzw. solche problemlos anwenden zu können. Auf der Ebene des Sozialverhaltens zeigt sich zudem die kritische Diagnose, dass eine zu extensive Integration in Soziale Netzwerke gerade für Jugendliche problematisch sein kann, da tendenziell ein großer Teil des Beziehungs-, Informations- und Identitätsmanagements über Soziale Netzwerke abläuft. (Schmidt 2009) Gleichfalls besteht die Besorgnis, dass sich etwa auch der Erfolg schulischer Leistungen durch einen vermehrten unreflektierten Einsatz digitaler Technologien vermindert. Die Gefahr der „Digitalen Demenz", wie sie etwa der Psychologe Manfred Spitzer (2012) in die Diskussion brachte, spielt in diesem Zusammenhang eine Rolle. Wie immer die entsprechenden Risikofelder im Detail zu bewerten sind und welche Auswirkungen sie tatsächlich auf

Individuen und Gesellschaft haben, werden vertiefende empirische Analysen und Forschungen zeigen müssen. Sie stehen stellvertretend für viele Phänomene eines medialen und gesellschaftlichen Wandels, die es mit entsprechenden wissenschaftlichen Analysen und auch empirischen Untersuchungen – in einer Abwägung der entsprechenden Risiken, aber auch Chancen – weiter und differenzierter zu analysieren gilt.

Zwischen Struktur und Handlung

Die weitere wissenschaftliche Auseinandersetzung mit jenen Entwicklungen, wie wir sie in mittlerweile hoch mediatisierten und vernetzten Lebenswelten antreffen, bedarf in jedem Fall einer Herangehensweise, in deren Zusammenhang sowohl die Ebene der einzelnen Individuen wie auch der Blick auf das Ganze nicht verloren gehen soll. Ein dafür geeignetes Konzept bietet das Giddens'sche Modell der Dualität von Handlung und Struktur bzw. sein Modell einer Strukturation von Gesellschaft, in dem die Handlungsebene des Menschen als unmittelbar mit der Strukturebene der Gesellschaft in Verbindung gedacht wird. (vgl. Giddens 1984) Es ermöglicht gerade für die Analyse des medientechnologischen und sozialen Wandels einen ganzheitlichen Blick auf die soziotechnischen Entwicklungen und die darin wirksamen Prozesse. Es setzt auch einen Fokus auf darin wirksame dominierende Kräfte, Aspekte von Macht und Möglichkeiten der Intervention in einen Prozessverlauf, dessen negative Dynamiken es an vielen Stellen zu durchbrechen gilt.

Fokussieren wir zunächst auf die Handlungsebene des Individuums, so sollten in diesem Bereich vermehrt Initiativen im Zentrum zu stehen, die zu einer Verbesserung der digitalen Kompetenzen der Nutzerinnen und Nutzer führen und sie in die Lage versetzen, ihre digitalen Handlungssouveränitäten zu stärken. Dahingehend sind überwiegend Ausbildungs- und Bildungseinrichtungen gefordert, um – insbesondere junge – Menschen zu befähigen, den ‚Risiken und Nebenwirkungen‘ des digitalen Lebens gegenüber besser gerüstet zu sein bzw. diesen aktiv begegnen zu können. Ein Element dessen ist in der Stärkung der informationellen Selbstbestimmung zu sehen, die dazu beitragen kann, aktiv und aufgeklärt an Prozessen gesellschaftlicher Partizipation teilzuhaben. Und vorwiegend vor dem Hintergrund eines kritisch reflektierten Verständnisses von Netzwerkprozessen kann es auch gelingen, darin agierende Individuen in ihrer Rolle als partizipierende Bürgerinnen und Bürger zu unterstützen. Denn es gilt sie weniger in ihrer Rolle als Konsumentinnen oder Konsumenten zu verstehen bzw. sie als solche zu adressieren, sondern sie dahingehend zu unterstützen, ein Selbstverständnis im Sinne ihres ‚Digital Citizenship‘ auszubilden und dieses auch aktiv zu leben. Dazu gehört einerseits die Fähigkeit, Netzprozesse kritisch zu hinterfragen und andererseits auch ein Einschätzungswissen über die Güte und Qualität von Informationen im Netz generell zu entwickeln.

Wenn es gelingt, die Userinnen und User des Netzes mit entsprechenden digitalen Kompetenzen auszustatten, kann es auch gelingen, dem häufig beschriebenen Prozess des „digital divide" etwas entgegenzuhalten. Diese Dynamik beschreibt – in seinen unterschiedlichen Entwicklungsstufen – die wachsende Kluft zwischen jenen, die von den Potentialen des Netzes tendenziell zu profitieren in der Lage sind, zu jenem offenbar immer noch größeren Teil der Gesellschaft, dem es nicht gelingt, einen Nutzen aus den neuen Potentialen und Qualitäten der Digitalisierung zu ziehen. Die zuletzt genannte Gruppe gilt es vermehrt mit entsprechenden Bildungsinitiativen anzusprechen, um ihre ‚Digital Skills and Literacies' zu stärken und sie in die Lage zu versetzen, aktiv und mit einem kritischen Geist an den kulturellen und politischen Kommunikationsprozessen der Gesellschaft zu partizipieren. Dafür ist zunächst freilich ein fairer und gleicher Zugang zur digitalen Infrastruktur für alle eine wichtige Voraussetzung. Aufbauend darauf könnte es sinnvoll sein, verstärkt auf Fähigkeiten einer digitalen Resilienz als eine wichtige Kompetenz zu setzen, die den Menschen dabei helfen kann, den Risiken im Netz gegenüber besser gerüstet zu sein. Diese Idee der Entwicklung einer digitalen Resilienz betrifft zudem nicht nur die Ebene der Individuen, sondern hat auch für andere Ebenen der Gesellschaft insgesamt Relevanz und Bedeutung. (vgl. Atteneder et al. 2017, Steinmaurer 2019)

Denn lenken wir – über die individuelle Handlungsebene hinaus – den Blick auf die Strukturebene und damit auf die gesellschaftliche und auch technisch-infrastrukturelle Ebene, zeigen sich dort verstärkt die Dynamiken der Kommerzialisierung und der Druck jener technischen Innovationszyklen, die nicht nur für Innovationen sorgen und neue Potentiale freisetzen, sondern eben auch dominierende Player wie Facebook oder Google entstehen lassen. Ihre ökonomische Ratio drängt auf Durchsetzung einer – wie Lovink (2012) das ausdrückt – Monopolstellung auf unterschiedlichen Feldern, die in Summe einen neuen Plattformkapitalismus entstehen lässt. Dieser widerspricht fundamental jener freien Vielfalts- und offenen Partizipationsphilosophie, die zu Beginn der Internetentwicklung für Euphorie über eine mögliche digitale Zukunft sorgte. Heute stellen sich die Erwartungen von damals als weitgehend enttäuschte Hoffnungen heraus, da sich die Ideen der dynamischen Partizipation, der offenen Innovation für alle und die Durchsetzung demokratiefördernder Diskurskulturen auf der Ebene eines freien Spiels der Kräfte nicht durchzusetzen vermochten. Es dominieren vielmehr einige wenige Big Player, die durch ihre Shareholder-Value-Orientierung einem Steigerungs- und Wachstumsmodell verpflichtet sind, das in seiner Konsequenz mit der Idee einer Gemeinwohlorientierung nur wenig zu tun hat bzw. eine solche untergräbt. Es bedarf daher der Entwicklung entsprechender Gegenmodelle und Alternativen, die dieser Ökonomisierungslogik der Digitalisierung und den unterschiedlichen Konsequenzen daraus etwas entgegenzusetzen haben. In diesem Zusammenhang könnte es etwa darum gehen, verstärkt Modelle einer Postwachstums-Ökonomie auf der Ebene auch digitaler Netzwerkentwicklungen zu fördern und den Mehrwert einer Gemeinwohlökonomie verstärkt auch in das Zentrum digitaler Innovationsentwicklungen zu rücken.

Alternative Entwicklungshorizonte

Will man die Idee der Aufrechterhaltung einer kommunikativen Infrastruktur, die sich an den Zielen des Gemeinwohls und den Anforderungen an einer partizipationsoffenen Demokratie orientiert, stärken, braucht es neue Ansätze und alternative Gegenmodelle, die über den Mainstream einer ökonomieorientierten Netzwerkentwicklung hinausgehen. Als eine mögliche Alternative bietet sich auf der Strukturebene die Förderung und Weiterentwicklung der Idee der Digital-Commons-Bewegung an, die aufbauend auf der Nutzung gemeinschaftlicher Güter den freien und nicht-kommerziellen Zugang zu offen verfügbaren Ressourcen zu ihrem Handlungsprinzip erhebt. Nach Dahlberg (2001) sind etwa Digital Commons als Plattformen unabhängig von staatlichen oder kommerziellen Interessen organisiert. Und Murdock (2012) charakterisiert diese als „a site in which the contradictions, relations and values of public life may be freely discussed" sowie als „web of social relations, ethos of shared access, [...] joint responsibility rather than individual advantage."

Mit diesen Prinzipien ist der Anspruch verbunden, alternative Plattformen der Kommunikation und Partizipation zu entwickeln, die darauf verzichten, sich einer rein ökonomischen Wachstumsrationalität unterzuordnen, sondern sich vielmehr einem gemeinschaftlichen Beteiligungsmodell verschreiben. Ansätze in diese Richtung finden wir in Projekten wie Wikipedia, in Modellen der freien Software oder Formen des Open Street Map, wobei auch an klassische (Medien) Institutionen durchaus Anforderungen aus der Commons-Welt gestellt werden. Denn es können sich auch aus der Kooperation klassischer wie neuer Medientechnologien bzw. Medieninstitutionen alternative Vernetzungs- und Beteiligungsformen entwickeln, deren Ziel in einer Stärkung des Gemeinwohls, der Daseinsvorsorge und der Demokratie liegt. (vgl. Stalder 2016) Diese Modelle sind auch weitgehend mit dem Denken einer Postwachstums-Orientierung und den Prinzipien einer Wohlfahrtsökonomie in Einklang zu bringen und richten sich daher explizit gegen eine neoliberale Zurichtung digitaler Netzwerkwelten. Einen Schritt in diese Richtung setzt etwa auch das Modell des „Public Open Space", dessen Anliegen in der Absicherung von Räumen der demokratischen Deliberation und Diskussion jenseits einer ökonomischen Verwertungslogik begründet liegt. (vgl. Mitschka/Unterberger 2018) Es existieren dahingehend auch Ideen mit einem Entwicklungshorizont auf europäischer Ebene, in deren Kontext die Weiterentwicklung öffentlich-rechtlicher Anstalten zu nicht-kommerziellen digitalen Plattformen im Zentrum steht. (vgl. Grassmuck 2018)

Um jedenfalls neue Entwicklungshorizonte zu erschließen, wird es vermehrt notwendig sein, über Strategien eines regulierenden bzw. ordnenden Eingreifens nachzudenken. Diese sollten nicht nur auf eine gesellschafts- und demokratieorientierte Ausrichtung der Aktivitäten großer Netzwerkplayer abzielen, sondern auch aktiv neue Modelle in Richtung einer Gemeinwohlorientierung im Fokus haben. Da es allein auf staatlicher Ebene immer schwieriger zu werden scheint, entsprechende Regulierungsmaßnahmen zu setzen und auf globaler Ebene ebenso die Möglichkeiten eines nachhaltigen ordnenden Eingreifens begrenzt sind, stellen sich aktuell Initiativen und Maßnahmen auf supranationaler, also etwa auf europäischer Ebene, als vielversprechend dar. Auf Basis einer politisch koordinierten Kooperation der EU-Staaten zeichnet sich ein Regulierungshorizont ab, der einerseits auf die Entwicklungsmöglichkeiten der Digitalisierung mit Fokus auf den gemeinsamen Markt abstellt, der aber gleichzeitig auch Anstrengungen in Bezug auf den Schutz seiner Bürgerinnen und Bürger auf der Ebene des Konsumentenschutzes unternimmt. Beispielhaft kann in diesem Zusammenhang die 2018 in Europa in Kraft getretene EU-Datenschutz-Grundverordnung genannt werden, die nicht nur eine Harmonisierung unterschiedlicher Regelungen herbeiführt, sondern auch stärkere Nutzerrechte auf Datenebene durchsetzt und etwa das Recht auf Vergessen als ein neues Prinzip festscheibt. Insofern sind durchaus Anstrengungen einer wieder forcierten Netzwerkregulierung erkennbar, die es auf andere Politikfelder – wie etwa in Richtung der Eindämmung von Marktdominanzen – hin auszudehnen gilt. Zudem sind neue Initiativen in Richtung einer Entwicklung der Gemeinwohlorientierung oder einer Commons-Kultur von zentraler Bedeutung, um der aktuell dominierenden Marktorientierung etwas entgegensetzen zu können.

Wenn sich also auf der Strukturebene neue Entwicklungshorizonte abzeichnen, sind diese Anstrengungen auch mit der Handlungsebene der Individuen in Abstimmung zu bringen. Dahingehend wäre etwa das Konzept des Digital Citizenship ein relevanter Ansatz, der auf der Idee der/des an der Politik und an kulturellen Prozessen sich beteiligenden Bürgerin/Bürgers aufbaut und das Individuum nicht primär als Konsumentin und Konsumenten adressiert, sondern als Bürgerin bzw. Bürger. Um dahingehende Potentiale zu erschließen, bedarf es freilich – wie oben angesprochen – der Entwicklung neuer Kompetenzen, also jener ‚Digital Literacies' und ‚Digital Skills' (vgl. van Dijk 2006), die auf eine kritische Reflexion des praktischen Alltagshandelns in den digitalen Netzen setzen. Sie sollen dabei helfen, neue Möglichkeiten und Formen der politischen und kulturellen Teilhabe wie auch der Partizipation kreativ zu entwickeln – gerade über gemeinwohlorientierte, aber auch in Umfeldern kommerzieller Plattformen. Auf dieser Basis sollte es auch gelingen, bislang immer wieder diagnostizierbare Tendenzen einer Scheinpartizipation zu überwinden oder über weite Strecken nur kaum ausgeschöpfte Potentiale eines bürgerschaftlichen Engagements weiter zu heben. (vgl. Coleman 2004)

Vergegenwärtigen wir uns noch einmal das von Giddens in seinem Strukturationsmodell formulierte gegenseitige Bedingungsgefüge zwischen der Handlungs- und Strukturebene der Gesellschaft bzw. die darin angelegte Dualität von Handlung und Struktur. Dann kann es sich als eine kluge Strategie erweisen, auf der einen Seite die Individuen verstärkt in die Lage zu versetzen, reflektiert und aufgeklärt im Sinne einer Stärkung ihres ‚Digital Citizenship' zu agieren. Und auf der Strukturebene könnten derartige Anstrengungen mit einer Förderung gemeinwohlorientierter Plattformen und Vergemeinschaftungsformen komplementär ergänzt werden. Aus diesem Zusammenspiel ließen sich sicherlich neue Entwicklungspotentiale jenseits einer rein wachstumsorientierten Netzwerklogik erschließen. Zudem ist es unumgänglich, neue Regulierungs- und Ordnungseingriffe auf der Strukturebene durchzusetzen, um einerseits die Macht großer Netzwerk-Monopolisten aufzubrechen und andererseits die Rechte der Individuen besser als bisher zu schützen. Die hier vorgeschlagene wechselseitige Bezugnahme und Kopplung derartiger Modelle könnte einen Beitrag dazu liefern, Potentiale einer digitalen Resilienz der Gesellschaft zu stärken, die sowohl auf der Handlungs- wie auch auf der Strukturebene den Krisenerscheinungen der digitalen Transformation entgegenwirkt und auch aktiv neue alternative Modelle entstehen lässt. (vgl. Atteneder et al. 2017, Steinmaurer 2019)

Literatur

Atteneder, H., Peil, C., Maier-Rabler, U. und Steinmaurer, T. (2017): ‚Digitale Resilienz und soziale Verantwortung. Überlegungen zur Entwicklung eines Konzepts'. *Medien Journal 41* (1), S. 48–55.

Barbrook, R. und Cameron, A. (1997): ‚*Die kalifornische Ideologie'*. In: Nettime (Hrsg.): Netzkritik. Materialien zur Internet-Debatte. Berlin: ID-Verlag.

108 Thomas Steinmaurer

Bröckling, U. (2007): ‚Das unternehmerische Selbst. Soziologie einer Subjektivierungsform'. Frankfurt am Main: Suhrkamp Taschenbuch Wissenschaft.

Castells, M. (2001): ‚Die Netzwerkgesellschaft. Das Informationszeitalter. Wirtschaft, Gesellschaft, Kultur'. Opladen: Leske+Budrich.

Coleman, L. (2004): 'The Frequency and Cost of Corporate Crises'. Journal of Contingencies and Crisis Management 12, S. 2–13

Dahlberg, L. (2001): 'The internet and democratic discourse. Exploring the prospects of online deliberative forums extending the public sphere'. Information, Communication & Society 4 (4), S. 615–633.

Giddens, A. (1984): 'The Constitution of Society: Outline of the Theory of Structuration.' Cambridge, UK, Malden, MA: Polity Press.

Grassmuck, V. (2018): ‚Telemedienauftrag: Von kleinen Schritten zu EPOS' Promedia, Januar 2018.

Krotz, S (2007): ‚Mediatisierung. Fallstudien zum Wandel von Kommunikation'. Wiesbaden: Springer VS.

Krotz, S. und Hepp, A. (2012): ‚Mediatisierte Welten. Forschungsfelder und Beschreibungsansätze'. Wiesbaden: Springer VS.

Lovink, G. (2012): ‚Das halbwegs Soziale. Eine Kritik der Vernetzungskultur'. Bielefeld: Transcript.

Mitschka, K. und Unterberger, K. (2018): ‚Public Open Space. Zur Zukunft öffentlich-rechtlicher Medien'. Wien: facultas.

Mosco, V. (2017): 'Becoming Digital. Toward a Post-Internet Society'. Bingley: emerald Publishing.

Murdock, G. (2012): 'A tale of two charters. The BBC and the commons'. <https://www.opendemocracy.net/en/author/graham-murdock/> Zugriff 01.12.2014.

Rosa, H. (2005): ‚Beschleunigung. Die Veränderung der Zeitstrukturen in der Moderne'. Frankfurt: Suhrkamp Taschenbuch Wissenschaft.

Schmidt, J.-H. (2009): ‚Das neue Netz: Merkmale, Praktiken und Folgen des Web 2.0'. Konstanz: U.V.K.

Spitzer, M. (2012): ‚Digitale Demenz. Wie wir uns und unsere Kinder um den Verstand bringen'. München: Droemer.

Stalder, F. (2016): ‚Kultur der Digitalität'. Frankfurt am Main: Suhrkamp Taschenbuch Wissenschaft.

Steinmaurer, Th. (2019): ‚Digitale Resilienz im Zeitalter der Datafication'. Im Druck.

Steinmaurer, Th. (2017): ‚Zur Veränderung von Öffentlichkeit(en) in den digitalen Netzen'. In: E. Klaus und R. Drüeke (Hrsg.): Öffentlichkeiten und gesellschaftliche Aushandlungs-prozesse. Theoretische Perspektiven und empirische Befunde. Bielefeld: Transcript. S. 319–334.

Steinmaurer, Th. (2016): ‚Permanent vernetzt. Zur Theorie und Geschichte der Mediatisierung.‘ Wiesbaden: Springer VS.

van Dijk, J. (2006): 'The Network Society. Social Aspects of New Media'. London, Thousand Oaks, New Delhi: SAGE Publications.

Wellman, B. (2000): 'Little Boxes, Glocalization and Networked Individualism'. <http://calchong.tripod.com/sitebuildercontent/sitebuilderfiles/LittleBoxes.pdf> Zugriff 16.05.2017.

Michael Koch*

Die mediale Repräsentation des Klimawandels und ihre unerwünschten Nebenwirkungen

Abstract: In the media, climate change reporting seemingly varies the topic between apocalyptic scenarios, euphemistic mitigation narratives and radical renouncement. With respect to particular political debates, in this case of climate change and migration, fuzzy and ambiguous conclusions lead to the risk of instrumentalizing climatic threats for own political purposes.

Keywords: distorted reporting, self-fulfilling prophecy, populism

Die intensive Berichterstattung und mediale Diskussion über den Klimawandel kann langfristig dazu führen, dass die Akzeptanz von Klimaflüchtlingen in Aufnahmeländern sinkt.

Einleitung

Der vorliegende Essay befasst sich mit möglichen und tatsächlichen Folgen der globalen Informationskampagnen zum Thema Klimawandel der letzten drei Jahrzehnte. So wie alle medial diskutierten Themen unterliegt die Klimawandeldebatte der gesellschaftlichen Deutung und ist insoweit ein gesellschaftlich konstruiertes Phänomen (Beck 1996). Obwohl nicht die Medien, sondern die Wissenschaft als Motor der Debatte anzusehen ist, stehen die klassischen Massenmedien bei diesem andauernden Prozess als zentrale Foren öffentlicher Kommunikation im Fokus (Neidhardt 1994; Ferree 2002). Neben den realen klimatischen Veränderungen ist die Art und Weise, wie der Klimawandel sich als Vorstellung entwickelt und das Verhalten von Menschen und ganzen Gesellschaften beeinflusst, von besonderem Interesse. Die medial vermittelten Debatten über den Klimawandel beeinflussen das Verhalten von WählerInnen und KonsumentInnen genauso wie das von PolitikerInnen, was sich wiederum auf Anpassungsmaßnahmen und wahrscheinlich auf den Klimawandel selbst auswirkt (Brüggemann et al. 2018). An dieser Stelle soll es daher nicht um physikalische Phänomene oder Prognosen gehen, sondern darum, welche gesellschaftlichen Folgen die jahrzehntelange mediale Repräsentation des Klimawandels auf die Migration bzw. die Bereitschaft zur Aufnahme von MigrantInnen haben kann.

Grundsätzlich soll vorab die Berechtigung der intensiven Medienberichterstattung über die global auftretenden Phänomene, die als Folgen einer höchstwahrscheinlich vom Menschen bewirkten Klimaveränderung erkannt wurden und die genügend Anhaltspunkte für eine ernsthafte und dauernde Auseinandersetzung bieten, außer Streit gestellt werden. Es soll auch nicht die enorme Bedeutung der weltweiten medialen Bewusstseinsarbeit angezweifelt werden, durch die globale Klimaabkommen und viele andere Klimaschutzmaßnahmen erst ermöglicht werden. Vielmehr soll gezeigt werden, dass die Permanenz der globalen medialen Präsenz des Themas Klimawandel die Gefahr in sich trägt, dass schon Jahre und Jahrzehnte im Voraus extreme Massenmigrationsszenarien für den Fall extremer Klimaphänomene an die Wand gemalt werden, die von bestimmten politischen Kreisen wie eine kriegerische Invasion interpretiert werden. Das unterstützt gesellschaftliche Kräfte und Strömungen, die statt vernünftiger und solidarischer Gegen- und Vorbereitungsmaßnahmen zu einer Fortifizierung in den weniger bevorteilten Ländern aufrufen. Die Migrationslink-Studie hat gezeigt, dass langfristige Umweltprobleme zwar zu weniger Migration führen, dafür aber mehr Konfliktpotential in sich tragen (Koubi et al. 2015). Das dürfte dadurch bedingt sein, dass Migration aufgrund langfristiger Probleme als permanente Migration wahrgenommen wird, während kurzfristige Probleme eher als reversibel gesehen werden.

Mediales Klimabewusstsein

In diesem Essay werde ich darlegen, dass die lang andauernde Berichterstattung über Dürrezonen, im Meer versinkende Inseln und Landstriche und andere Gefährdungen dazu führt, dass potentielle Konflikte schon Jahre vor dem Zeitpunkt ihrer möglichen Entfachung imaginiert und als real wahrgenommen werden, obwohl sie tatsächlich vielleicht nie auf diese Art und Weise geschehen werden. Während kurzfristig und überraschend eintretende Naturkatastrophen meist eine Welle der Hilfsbereitschaft bringen, führen solche, die schon über Jahre oder Jahrzehnte wahrgenommen und antizipiert wurden, zu Konflikt und Abschottung.

Das Thema Klimawandel ist in unterschiedlichen Formen, Ausprägungen und Intensitäten und unter verschiedenen Schlagwörtern (Treibhauseffekt, globale Erwärmung, etc.) seit zirka 30 Jahren in den Massenmedien präsent. Zum Mainstream-Thema avancierte es allerdings erst ab Mitte der 2000er Jahre (Holt und Barkemeyer 2012; Schäfer 2015). Der stärkste Anstieg des Klimabewusstseins konnte rund um die Berichterstattung über Al Gores Film „An Inconvenient Truth" in den Jahren 2006 und 2007 festgestellt werden (Brüggemann et al.

2018). Umgekehrte Effekte hatten Aussagen von Politikern der republikanischen Partei, die den Klimawandel bzw. die Kausalität zwischen menschlicher Intervention und Klimawandel leugneten. Während in den USA noch immer eine breite gesellschaftliche Debatte über die Existenz des Klimawandels herrscht, ist in Mitteleuropa mehr der Umgang mit dem meist als real akzeptierten Phänomen umstritten.

Durch die Summe der Berichte und Diskussionen sind Medienrezipienten inzwischen seit Jahrzehnten mit einer enormen Vielfalt an medialen Darstellungen des Klimawandels von verschiedensten Seiten konfrontiert, die sämtliche editorischen, kreativen und künstlerischen Ebenen umfasst. Von schockierender Pressefotografie über Karikaturen, Theaterstücke, Kinofilme und Videospiele bis hin zu sämtlichen Formen des Journalismus reicht die Palette der Mittel, die wechselweise für Information, Bewusstseinsarbeit und Alarmierung eingesetzt werden und wurden. Der weltweite CO2-Ausstoß hat sich in derselben Zeit nahezu verdoppelt. Es ist wohl anzunehmen, dass dieser Anstieg ohne die globale mediale Kampagne höher gewesen wäre, ein wissenschaftlicher Nachweis dafür ist kaum zu erbringen. Genau so wenig gibt es trotz begründeter Schätzungen eine solide Evidenz, dass der Klimawandel bislang zu Konflikten und darauffolgende Migration geführt hat. Die politischen und militärischen Konflikte des letzten Jahrzehnts können kaum auf Klimaveränderungen zurückgeführt werden, sondern sind nahezu durchwegs Resultat eines Kampfes um wirtschaftliche Ressourcen mit vorgeschobenen religiösen und nationalen Motiven (Bernauer et al. 2017). Trotzdem begründen Politiker in Europa und anderen industrialisierten Erdteilen ihre isolationistische Politik zunehmend mit dem Argument des Klimawandels und dessen Folgen für zukünftige globale Migrationsbewegungen. Während der Klimawandel teilweise von Kreisen derselben politischen Ausrichtung geleugnet wird, benutzen ihn andere als Begründung für ihre nationalistische Abschottungspolitik.

Im Umgang mit dem Phänomen des Klimawandels scheint derzeit ein Schwenk weg von der Strategie der globalen Zusammenarbeit und hin zu einem Klimafatalismus stattzufinden, der nicht mehr die Stabilisierung der Erderwärmung zum Ziel hat, sondern sich in Bunkermanier auf apokalyptische bzw. postapokalyptische Szenarien vorbereitet. In einer zunehmenden Zahl an Publikationen wird nicht mehr vor den dramatischen Folgen des Klimawandels gewarnt und über umwelttechnologische Gegenmaßnahmen informiert, sondern Tipps und Pseudo-Informationen für den Umgang des Einzelnen mit einer dramatischen Eskalation verbreitet. Während in den USA die sogenannte Prepper-Bewegung, die sich teilweise religiös motiviert auf Endzeitszenarien vorbereitet, schon länger Hochkonjunktur hat, ‚informieren' inzwischen auch seriöse europäische

Medien über den Umgang mit apokalyptischen Geschehnissen. Eine nicht mehr zu überblickende Vielzahl an Berichten mit Titeln wie „Wie auf das Schlimmste vorbereiten?" (ORF 2012) ist auch auf dem alten Kontinent nicht mehr zu übersehen. Im Schweizer Radio und Fernsehen wurde beispielsweise am 2.1.2017 ein ganzer Tag dem Thema „Blackout" gewidmet, bei dem unter anderem ‚Tipps für die Apokalypse' gegeben wurden und auf den Umgang mit globalen Stromausfällen (mit Konsequenzen wie Ausfällen bei Atomkraftwerken, Wasserregulierungssystemen etc.) vorbereitet werden sollte (SRF 2017). Da verwundert es wenig, dass sich ein Teil der Bevölkerung nicht nur auf Stromausfälle und Ähnliches vorbereitet, sondern mit Waffen aller Art ausstattet. Diese Verängstigung geht einher mit dem Ruf nach einer starken und autoritären Führung. Dabei sind konsequenterweise genau jene Politiker besonders erfolgreich, die Zäune und Mauern fordern und Festungen ausrufen.

Klima und Migration

In der medialen Debatte über die Gründe von Migration werden zwar meist zuerst die Bevölkerungsentwicklung in Afrika und die Kriege im Nahen Osten genannt, bei längerfristigen Prognosen folgt dann aber das Thema Klimawandel. Dabei werden konkrete Folgen wie Dürren in Zentralafrika projiziert, die in der Folge zu Massenmigrationsbewegungen führen würden. Dass diese konkreten Szenarien nahezu reine Spekulation und in keiner Weise wissenschaftlich zu fundieren sind, ist in der Kommunikation des Themas kaum bemerkbar. Trotzdem bläst gerade das Thema Klimawandel weiteren Wind in die Segel von Populisten, weil es Migrationsbewegungen dieses Jahrzehnts nicht als zeitlich begrenztes Phänomen erscheinen lässt, sondern als Vorbote viel größerer, sich zunehmend verstärkender Wanderungsbewegungen. So spielt das Thema Klimawandel ausgerechnet in die Hände derjenigen Kreise, die ihn lange Zeit geleugnet haben, während es sich gleichzeitig gegen die Anliegen der ökologisch orientierten, sozialliberalen Kräfte zu wenden scheint, die das Thema medial forciert haben.

Die kriegerischen Worte, die von den einschlägigen Medien und Politikern in Bezug auf Migrationsbewegungen verwendet werden, zeigt, dass in der europäischen Gesellschaft weder eine adäquate Sprache noch ein adäquater praktischer Umgang mit dem Phänomen gefunden wurde. Wenn von Einfällen, Invasoren und Festungen gesprochen wird, werden in logischer Konsequenz Bilder und Ideen von bewaffnetem Widerstand evoziert. Das Gefühl des Angriffs von außen wird dadurch verstärkt, dass die Grenzen des wirtschaftlichen Wachstums auf vielen Ebenen spürbar geworden sind und somit eine innere Schwächung erlebt wird. Die derzeitige wirtschaftliche Krise unterscheidet sich aber von denen der letzten Jahrzehnte unter anderem dadurch, dass kaum von einem zyklischen Tiefpunkt die Rede ist, der sich bald in einen Aufschwung verkehren wird.

Selbsterfüllende Prophezeiung

Zu dieser langfristig pessimistischen Einstellung trägt die mediale Debatte über den Klimawandel in hohem Maße bei. Wir erleben, dass trotz jahrzehntelanger Klimawandel-Kampagnen die Ausbeutung natürlicher Ressourcen mehr oder weniger ungebremst weitergeht, der CO_2-Ausstoß steigt, sich extreme Wetterphänomen häufen und die Pole immer schneller schmelzen. Das muss fast zwingend zu dem Schluss führen, dass die Kampagnen keine oder nicht ausreichende Wirkung zeigen und die Bedrohungsszenarien irgendwann Realität werden. Dazu gehört dann auch, dass sich die vorhergesagten Migrationsströme in Bewegung setzen werden. Wenn solche Bilder und Prognosen in weiten Teilen der europäischen Bevölkerung vorhanden sind, ist es wenig verwunderlich, dass die Aufnahmebereitschaft immer mehr sinkt. Der Kampf gegen den Klimawandel ist also entweder erfolgreich oder er bringt ganz andere Geister hervor, nämlich eine extreme Abschottung und maximale Überwachung in der westlichen Welt, noch bevor überhaupt ein größeres klimatisches Katastrophenszenario eingetreten ist. Europa ist auf dem ,besten' Weg in diese Richtung, die USA schon einen Schritt weiter. In der Wirtschaft herrscht allgemein die Auffassung, dass mehr Migration mittelfristig zu mehr Wachstum führt. Mit der massiven Begrenzung von Zuwanderung aber werden künstlich Grenzen des Wachstums eingezogen, die sich allerdings jederzeit wieder sprengen lassen.

Fazit

Ich hoffe ich konnte mit diesem Essay darlegen, dass der Klimawandel als Idee und mediale Konstruktion abseits des realen Phänomens massive Auswirkungen auf das Denken und Handeln von Personen hat, die allerdings teilweise dramatisch von den wünschenswerten Reaktionen abweichen. Denn während ein Umdenken in puncto Konsum, Energieverbrauch und Technologie zwar teilweise erfolgt, ist gleichzeitig ein zunehmender Fatalismus feststellbar, der sich in Vorbereitungen und Abgrenzungsmaßnahmen für Extremfälle ausdrückt. Diese Tendenzen sind am rechten Rand des politischen Spektrums am stärksten, rücken aber mehr und mehr in die Mitte der Gesellschaft. Möglicherweise sind dies die letzten Monate und Jahre, in denen sich diese Negativspirale noch aufhalten lässt.

Literatur

Beck, U. (1996): ‚Weltrisikogesellschaft, Weltöffentlichkeit und globale Subpolitik. Ökologische Fragen im Bezugsrahmen fabrizierter Unsicherheiten'. *Kölner Zeitschrift für Soziologie und Sozialpsychologie 48* (Sonderheft 36), S. 119–147.

Bernauer, T., Böhmelt, T. und Koubi, V. (2012): 'Environmental changes and violent conflict'. *Environmental Research Letters 7*(1), 1–8.

Brüggemann, M., Neverla, I., Hoppe, I., & Walter, S. (2018). Klimawandel in den Medien. In H. von Storch, I. Meinke, & M. Claussen (Eds.), *Hamburger Klimabericht – Wissen über Klima, Klimawandel und Auswirkungen in Hamburg* (pp. 243–254). Springer Spektrum. doi:10.1007_978-3-662-55379-4_12.

Holt, D. und Barkemeyer, R. (2012): 'Media coverage of sustainable development issues–attention cycles or punctuated equilibrium?' *Sustainable development 20* (1), S. 1–17. DOI: 10.1002/sd.460.

Koubi, V., T. Böhmelt, G. Spilker, and L. Schaffer. (2016). The role of environmental perceptions in migration decision-making: Evidence from both migrants and non-migrants in five developing countries. *Population and Environment, 38*(2). DOI: 10.1007/s11111-016-0258-7

Neidhardt, F. (1994): ‚Öffentlichkeit, öffentliche Meinung, soziale Bewegungen'. *Kölner Zeitschrift für Soziologie und Sozialpsychologie, Sonderheft 34*, S. 7–41.

Österreichischer Rundfunk: ‚*Wie auf das Schlimmste vorbereiten?*'. <http://orf.at/stories/2157048/2130596/ >. Zugriff 12.2.2017.

Schweizer Rundfunk: *Thementag Blackout,*<https://www.srf.ch/kultur/wissen/thementag-blackout-wenn-der-strom-drei-tage-lang-weg-ist>. Zugriff 12.2.2017.

Herbert Widl*

Die Veränderung der Arbeitswelt und ihre Folgen

Abstract: The impact of technology, moral and leisure on labor will be discussed by referring to the writings of Keynes, Han, Russell, and Lafargue.

Keywords: technological unemployment, labor as pain, allocation of labor

Einleitung

Der Faktor ‚Arbeit' ist wichtig für das Wirtschaftswachstum. Ohne Arbeit würde kein Wachstum stattfinden beziehungsweise würde die Wirtschaft erlahmen. Es gibt viele Formen der Arbeit, so kann unterschieden werden zwischen körperlicher und geistiger Arbeit. Zurzeit befindet sich die Menschheit in der westlichen Welt in der vierten industriellen Revolution. Diesen Vorgang wird die Arbeitswelt noch einmal beschleunigen. ‚Dank' der Digitalisierung werden die Arbeitsprozesse schlanker und flexibler. Einerseits gibt es Befürchtungen in der Bevölkerung, die Arbeit zu verlieren, andererseits sehen Unternehmen für Arbeitnehmer neue Chancen, sich zu entwickeln und sich anzupassen. In der Geschichte der Menschheit hat es schon immer Veränderungen in der Arbeitswelt gegeben, jedoch werden die Zyklen der Veränderungen immer kürzer. Anhand von ausgewählten Texten von John Maynard Keynes, Bertrand Russell, Paul Lafargue und Byung-Chul Han werde ich die Thematik ‚Veränderung in der Arbeitswelt' analysieren und eine Schlussfolgerung ziehen.

Anhaltspunkt 1: Keynes

Der Begriff Arbeit stammt aus dem Althochdeutschen und bedeutet Mühe oder Plage. Unter Arbeit wird das bewusste und zielgerichtete Handeln des Menschen verstanden, welche seine / ihre Existenz sichern sollte und die eigenen Bedürfnisse abdeckt (Brockhaus 2010: 319f). Bertrand Russell (2009: 168f) unterscheidet zwei Arten der Arbeit. Bei der einen Art der Arbeit wird Materie verlagert, dies geschieht auf oder nahe der Erdoberfläche und steht oft in Verbindung mit anderen Materien. Die zweite Art der Arbeit kann als Delegierung der ersten Art verstanden werden. Die erste Form wird schlecht entlohnt und ist kräfteraubend, während die zweite Form gut bezahlt wird und meistens angenehm ist. John Maynard Keynes (2007) schrieb das Essay „Wirtschaftliche Möglichkeiten für unsere Enkelkinder" in der Zeit der Wirtschaftskrise. Er stellte fest, dass der Lebensstandard in seiner Zeit erheblich höher war als zu früheren Zeiten. Dies führte er auf zwei Faktoren zurück, und zwar auf die technischen Verbesserungen durch wissenschaftliche Erfindungen und Entdeckungen und auf die Akkumulation von Kapital. Nach Keynes Meinung war der Grund der hohen Arbeitslosigkeit die hohe Geschwindigkeit der technischen Veränderungen, und er bezeichnete dies als „technologische Arbeitslosigkeit". Damit meinte er, dass die Technologien mehr Arbeitskräfte einsparen als neue Jobs geschaffen werden könnten.

Der Mensch wird sich mit der Zeit anpassen und die wirtschaftlichen Probleme lösen. Nach Keynes wird der Mensch in Zukunft 15 Stunden in der Woche arbeiten. Für die Menschen wird es eine Umstellung werden, die anerzogenen Wert- und Moralvorstellungen werden sich ändern. Der Mensch muss lernen, die gewonnene Freizeit sinnvoll auszufüllen.

Anhaltspunkt 2: Russell

Bertrand Russell, eine Zeitgefährte von John Maynard Keynes, sah die Situation ähnlich. In seinem Aufsatz „Lob des Müßiggangs" schrieb er, dass bis zur industriellen Revolution die Menschen hart arbeiten mussten, um sich und ihre Familien zu ernähren. Zudem wurden durch ihre Arbeit andere Stände, wie Soldaten und Priester, mitversorgt. Diese Situation hat sich mit dem Einsatz von Maschinen geändert, aber die Moral der Arbeit blieb die Gleiche wie vor der Revolution. Russell nannte diese Haltung die Sklavenmoral, die Arbeit wurde als Pflicht etabliert, während davon nur ein kleiner Teil der Bevölkerung profitierte. Durch die Technik werde mehr produziert und dadurch können die Arbeiter/innen einen angemessenen Lebensstandard erreichen. Ebenfalls werde durch den Produktionsüberschuss gewährleistet, dass der Arbeiterstand neben der Arbeitszeit Freizeit und Zeit für Muße erhält. Die Arbeitszeit sollte auf vier Stunden pro Tag beschränkt werden und die Menschen werden dazu ‚erzogen', dass sie die anerzogene Arbeitsmentalität ablegen und sich Interessen und Neigungen hingeben.

Russell sieht kritisch, dass die Unterhaltungen passiv konsumiert werden, wie zum Beispiel Filme, Radio und so weiter. Er wünschte sich, dass die Menschen sich aktiver in die Gesellschaft einbringen. Die Vergangenheit hat gezeigt, dass nur ein kleiner Teil der Menschheit sich der Muße hingeben konnte und der größte Teil für sie arbeitete. Durch die Klasse der Müßiggänger wurden die Künste gefördert, die Philosophie entwickelte sich und die Gesellschaftsformen veränderten sich. Dieses System war zum einem ungerecht und zum anderen ziemlich kostspielig. Russell meinte, dass die Universitäten die Aufgabe zur Verbesserung des Lebens übernommen hatten. Sein Einwand dabei war, dass die Universitäten zu weit von den Alltagsproblemen der Menschen entfernt seien, um Lösungen anzubieten. Deshalb ist es wichtig, dass die Menschen neben den vier Arbeitsstunden ihrer Muße nachgehen könnten. Die Männer und Frauen könnten sich besser von der schweren Arbeit erholen und hätten genug Zeit, ihren Interessen nachzugehen. Der/Die Einzelne wird mehr Lebenszufriedenheit und Glück erfahren und wird ausgeglichener, toleranter und gütiger.

Anhaltspunkt 3: Lafargue

Paul Lafargue (2015), der Schwiegersohn von Karl Marx, kritisierte in seiner Schrift „Das Recht auf Faulheit", dass der Arbeiterstand in den kapitalistisch geführten Ländern nichts gegen die Arbeitssucht unternehme, sondern sogar unterstütze. Diese Haltung wurde von den Priestern, Ökonomen und Moralisten ebenfalls empfohlen. Nach Lafargue wirke die Arbeit sich negativ auf Geist und Körper aus. Als positive Beispiele werden Nationen genannt, in welcher der Kapitalismus noch nicht Fuß fassen konnte. Im antiken Griechenland war die Arbeit verpönt. Die ‚freien' Griechen gaben sich der Muße hin, die Arbeit mussten die Sklaven für sie erledigen. Diese Haltung hat sich entschieden geändert, so wurde zum Beispiel im Frankreich des 19. Jahrhunderts das ‚Recht auf Arbeit' ausgerufen. 1848 wurde die Arbeitszeit auf 12 Stunden beschränkt. Neben den Männern arbeiteten auch die Frauen und Kinder. Lafargue sah in seinem Jahrhundert das Jahrhundert der Schmerzen, des Elendes und der Korruption. Sein Vorschlag war, dass sich die Arbeiterklasse vom Laster ‚Arbeit' befreien sollte. Sie sollte sich nicht für das ‚Recht auf Arbeit' einsetzen, sondern für die Menschenrechte. Ebenfalls dürften die Menschen nur drei Stunden am Tag arbeiten, diese kurze Arbeitszeit wird durch die technischen Errungenschaften gerechtfertigt. Die Faulheit wird als Mutter aller Künste und hohe Tugend ausgerufen, welche die Leiden und Schmerzen von der Arbeit lindern sollten.

Schlussfolgerungen

Wenn man die drei Texte analysiert, dann gibt es Argumente und Thesen, welche sich in allen dreien ähnlich wiederfinden. Die Autoren stellten fest, dass es eine ungerechte Verteilung des Wohlstandes gibt. Es gab wenige Schichten, die von dem vorherrschenden kapitalistischen System profitierten und ein Großteil der Menschen sich durch Arbeit höchstens die Existenz sichern konnten. Durch die technischen Erneuerungen konnte mehr produziert werden und das Wachstum wurde angekurbelt, jedoch kamen diese Entwicklungen auch nur wenigen Menschen zu Gute. Bei diesem Punkt forderten die Autoren ein Überdenken der Situation. Die Erfindungen sollten alle Menschen bereichern. Es wurde argumentiert, dass wenn die Arbeitszeit der Menschen bestehen bleibt und die Produktion mit den verbesserten Maschinen weitergeht, dann gäbe es Überkapazitäten, welche nicht verkauft werden können. Deshalb könnte die Arbeitszeit eingeschränkt werden und die Lebensqualität der Arbeiter/innen gesteigert werden. Bei Russell und Keynes erhält die Arbeiterschicht einen gerechten Lohn, der für ein angenehmes Leben ausreichend ist. Für die Autoren war es wichtig, dass die Arbeitsmoral, welcher der Menschheit anerzogen wurde, geändert wird. Nicht die Arbeit sollte der Mittelpunkt des Menschen stehen, sondern er/sie selbst, damit ein selbstzufriedenes Leben gelebt werden kann. Die Texte beziehen sich auf westliche Länder, welche kapitalistisch geprägt wurden.

Wenn die Aufsätze von einst mit der heutigen Realität verglichen werden, dann kann festgestellt werden, dass die Ausgangslage der Arbeiter/innen sich wesentlich verbessert hat. Die vorgegebenen Arbeitszeiten konnten drastisch gekürzt werden, von den Prognosen der Autoren einer 15-Stunden Arbeitswoche ist die Arbeiterklasse jedoch noch weit entfernt. Bei Studien des Sozioökonomischen Panels (SOEP) von 2000 bis 2009 hat sich gezeigt, dass die subjektive Lebenszufriedenheit bei Eintritt in die Arbeitswelt tendenziell rückläufig ist. Daraus könnte der Schluss gezogen werden, dass die Arbeit immer noch als Pflicht verstanden wird und mit negativen Assoziationen behaftet ist.

Der Stellenwert der Arbeit ist heutzutage genauso hoch wie damals. Oft werden Menschen nach dem Status ihrer gegenwärtigen Arbeitsstelle definiert. So haben Langzeitarbeitslose keinen guten Ruf in der Gesellschaft, diese Pauschalaussagen werden nicht hinterfragt beziehungsweise überprüft. Das Interessante an den Texten ist, dass sie ein Problem ansprechen, das die Menschen des 21. Jahrhunderts betrifft. Die Schriften befassten sich mit den technischen Veränderungen und ihren positiven Möglichkeiten für die Arbeitswelt.

Heute befindet sich die westliche Welt in einem neuerlichen Umbruch, durch die Digitalisierung und Automatisierung werden die Arbeitsabläufe effizienter gemacht. Es ist damit zu rechnen, dass viele Arbeitsplätze vernichtet werden und es keine Jobsicherheit mehr gibt. Studienautoren von Accenture haben eine Studie erstellt, welche zeigt, dass in Österreich technologische Maßnahmen (Digitalisierung, Automatisierung) ein jährliches Wirtschaftswachstum von drei Prozent bis zum Jahre 2035 beschert (Bauer 2017). Christian Scholz, Professor für Betriebswirtschaftslehre, stellt fest, dass die Arbeitswelt einen brutalen Darwinismus hervorgebracht hat und die Menschen, welche einen individuellen

Opportunismus verfolgen, in dieser Welt erfolgreich sind (Scholz 2017). Das entspricht einer Leistungsgesellschaft, in der jede/r gegen jeden im Wettbewerb steht und sich von den anderen absetzen möchte. Aufgrund dieser Tatsachen ist es auch nicht verwunderlich, wenn Menschen an psychischen Krankheiten leiden. Der Wettbewerbsgedanke hat heutzutage fast alle Gesellschaftsschichten erreicht. Bei Schüler/innen wird immer häufiger das Aufmerksamkeitsdefizit-Hyperaktivitätssyndrom (ADHS) diagnostiziert. Burnout--Syndrom (BS) ist bei sozialen Berufen, wie bei Lehrern/innen, Krankenschwestern, relativ häufig vorzufinden.

Byung Chul Han (2016), Professor für Philosophie und Medientheorie, vergleicht das Leistungssubjekt mit dem Mythos des Prometheus. Der arbeitende Mensch fühlt sich frei, ist aber in der Realität angekettet. Um die Leistung zu erbringen, muss er/sie sich selbst ausbeuten. Bei diesem Vorgang stellt sich eine Müdigkeit ein. Nach Han befindet sich die Menschheit in einem neuronalen Jahrhundert, das heißt, die auftretenden Krankheitsbilder haben einen neuronalen Charakter. Im Gegensatz zu bakteriellen und viralen Krankheitserregern, die von außen herangetragen werden, sind neuronale Symptome systemimmanent. Zu den Krankheiten zählen ADHS und BS.

Es stellt sich die Frage: „Wie soll die Zukunft der Arbeit aussehen?". Im Moment befindet sich die Arbeitswelt wieder in einem Umbruch und es sind alle dazu aufgefordert, sich zu beteiligen. Es wird große Einschnitte im Arbeitsmarkt geben. Ich halte die Ausführungen von Bertrand Russell, welche im Grunde für ein angemessenes Grundeinkommen steht, für eine realisierbare und finanzierbare Idee. Dabei muss gewahrt bleiben, dass eine soziale Gerechtigkeit zwischen den verschiedenen Schichten, Generationen und Klassen gegeben ist. Wenn sich am System nichts ändert und sich die Spirale in der Leistungsgesellschaft immer schneller dreht, dann werden sich viele Menschen aus diesem System krankheitsbedingt zurückziehen. Heutzutage werden in den verschiedenen Gesellschaftsgruppen eskapistische Züge festgestellt.

Literatur

Bauer, K. (2017): ‚Roboter: Lehrer und Beamte fühlen sich kaum bedroht', Der Standard vom 04.02.2017, S. K1.

F.A. Brockhaus. (2010): ‚Brockhaus / Das Taschenlexikon in 24 Bänden'. Gütersloh München.

Byung, C. H. (2016): ‚Müdigkeitsgesellschaft / Um die Essays Burnoutgesellschaft und Hoch--Zeit erweiterte Neuausgabe'. Berlin.

Keynes, J. M. (2007): ‚*Wirtschaftliche Möglichkeiten für unsere Enkelkinder*'. In: Reuter, N. (Hrsg.): Wirtschaftspolitische Leitbilder zwischen Gestern und Morgen / Mit Texten zum Thema von John Maynard Keynes und Wassily W. Leontief, Marburg. S. 135–147.

Lafargue, P. (2015): ‚*Das Recht auf Faulheit / Die Religion des Kapitals*', Köln.

Russell, B. (2009): ‚*Lob des Müßiggangs*'. In: Russell, B. (Hrsg.): Philosophische und politische Aufsätze. Stuttgart, S. 166–182.

Scholz, C. (2017): ‚*Unerfüllte Versprechen, brutaler Wettbewerb*'. Der Standard vom 04.02.2017, S. K2.

Gabriele Spilker

Klimabedingte Umweltveränderungen, Migration und Konflikt

Abstract: The assumption of a strong positive correlation between environmentally-caused migration and political as well as social conflicts in the regions of arrival is being rethought by an empirical study in several countries, applying an inductive approach.

Keywords: conflict perception, conflict behavior, trapped population

Umweltmigration und Konflikte

Extreme Wetterereignisse haben häufig zur Folge, dass Menschen ihre Heimat verlassen müssen. Das Intergovernmental Panel on Climate Change (IPCC) stellt in seinem jüngsten Bericht fest, dass der Klimawandel durch ein verstärktes Auftreten von Extremwetterereignissen, wie Stürme und Überflutungen, aber auch durch schleichende Umweltveränderungen wie Dürren und das Steigen der Meeresspiegel, wahrscheinlich Migrationsbewegungen verstärken wird (IPCC 2014). Weltweit, so Schätzungen, mussten zwischen 2008 und 2014 jährlich rund 22,5 Millionen Menschen ihre Heimat verlassen (International Displacement Monitoring Centre 2015). Heruntergebrochen bedeutet diese Zahl ca. 62.000 Menschen pro Tag, und der größte Teil dieser Migrationsbewegungen vollzieht sich in Entwicklungsländern mit zumeist schwachen politischen Institutionen.

Der größte Teil dieser umweltbedingten Migrationsströme findet innerhalb der jeweiligen Heimatländer statt, wir sprechen also von interner Migration (Hunter et al. 2015; Foresight Migration and Global Environmental Change 2011; Raleigh 2008). Wenn nun aber größere Ströme von Migranten sich innerhalb ihrer jeweiligen Länder eine neue Heimat suchen müssen, bedeutet dies für den neuen Heimatort große Herausforderungen: diese Menschen benötigen neue Unterkünfte und Arbeit, Kinder müssen in die Schule, die Trinkwasser-, Lebensmittel- und Abwasserversorgung muss auf diese neuen Dimensionen angepasst werden. Und dies alles in einem Kontext, in dem häufig sowohl materielle als auch finanzielle Ressourcen knapp sind und politische Institutionen häufig nicht besonders gut funktionieren. Es ist daher zu erwarten, dass diese Umstände ein idealer Nährboden für mögliche Konflikte sein könnten (Theisen et al. 2013; Bernauer et al. 2012; Salehyan 2008; Gleditsch 2007; Reuveny 2007; Barnett und Adger 2007; Kahl 2006; Homer-Dixon 1999; Suhrke 1997).

Das Forschungssetting

Für gewisse Autoren sind daher Umweltflüchtlinge „desperate people, all too ready to challenge governments" (Myers 1993: 22). Diesem stark vereinfachten Bild der Umweltflüchtlinge versuchen wir, ein Forscherteam aus der Schweiz, England und Österreich, in einem größeren Forschungsprojekt entgegenzuwirken. Denn würde dieses Bild der Realität entsprechen, müsste es überall dort, wo (Umwelt-)Flüchtlinge eine neue Heimat finden, zu Konflikten kommen. Stattdessen sehen wir sehr viel Varianz und dies führt zur Frage, warum es an manchen Orten gut gelingt, Umweltmigranten zu integrieren und an anderen Orten weniger.

Die Hauptschwierigkeit, der Forscher gegenüberstehen, wenn sie versuchen, den Zusammenhang von Klimawandel, Migration und Konflikt besser zu verstehen, ist das Herausfiltern des Effekts der Umweltveränderung aus all den anderen Faktoren, welche die Migration beeinflussen. Die meisten Studien verwenden dazu aggregierte Daten, entweder auf Länder- oder auf subnationaler Ebene. Dann wird mit Hilfe von statistischen Verfahren untersucht, ob es in Gegenden, welche stark von Umweltereignissen wie Stürme oder Dürren betroffen sind, zu einer vermehrten Emigration kommt. In einem zweiten Schritt analysieren Forscher dann, ob es an Orten, welche verstärkt Migranten aufgenommen haben, zu einem Anstieg an Konflikten kam. Das Problem mit diesem Ansatz liegt nun darin, zu zeigen, dass es zum einen tatsächlich die Umweltbedingungen waren, aufgrund derer die Menschen zu Migranten wurden (und nicht beispielsweise wirtschaftliche Veränderungen, politische Konflikte, etc.). Und zum anderen, dass es auch genau diese Umweltflüchtlinge waren, die zu einem Anstieg des Konfliktpotentials beigetragen haben und die Konflikte nicht aufgrund anderer Faktoren zustande kamen. Wir riskieren also, aufgrund der Verwendung von aggregierten Daten einen Fehlschluss zu tätigen.

Um dies zu umgehen, haben wir in unserem Forschungsprojekt einen Mikro-Ebenen-Ansatz gewählt (Koubi et al. 2018). D.h., wir fokussieren uns auf die einzelnen Individuen. Insgesamt haben wir dazu über 3.600 Menschen, Migranten sowie Nicht-Migranten, in fünf Ländern – Kambodscha, Nicaragua, Peru, Uganda und Vietnam – befragt, um evaluieren zu können, wann Umweltereignisse tatsächlich zu Migration führen und ob Migranten, die aufgrund von Umweltveränderungen eine neue Heimat gefunden haben, stärker Konflikten ausgesetzt sind bzw. zu diesen mehr beitragen als andere Migranten. Alle Individuen wurden zwischen 2013 und 2014 persönlich befragt und diese Daten bilden nun die Basis von mehreren wissenschaftlichen Publikationen zu diesem

Thema (Koubi et al. 2016; Koubi et al. 2016a, 2016b; Koubi et al. 2017; Koubi et al. 2018).

Der von uns gewählte Ansatz hat den Vorteil, dass wir genau aufzeigen können, welche Rolle Umweltveränderungen im Entscheidungsprozess von Menschen spielen, ob sie migrieren werden oder nicht. Leider ist dieser Ansatz auch mit einem Nachteil verbunden: Wir können nicht aufzeigen, ob die von uns befragten Migranten auch tatsächlich zu Konfliktträgern werden, indem sie *aktiv* an Konflikten teilnehmen bzw. diese auslösen. Der Grund dafür ist, dass wir schlicht und ergreifend nicht Individuen während Konflikthandlungen beobachten und diese Individuen als Umweltmigranten identifizieren können. Stattdessen können wir nur die Vorstufe von tatsächlichem Konfliktverhalten untersuchen, nämlich die Wahrnehmung von Konflikten. Wir haben demnach die Migranten in unserer Studie befragt, ob sie Konflikten ausgesetzt sind. Wir untersuchen damit *Konfliktwahrnehmungen* anstelle von *Konfliktverhalten*, welches definitiv stark zusammenhängt, denn Konfliktverhalten bedingt die gleichzeitige Wahrnehmung eines Konflikts. Aber umgekehrt kann es natürlich sein, dass unsere Befragten Konflikte wahrnehmen, die vielleicht objektiv nicht notwendigerweise als Konflikte eingestuft werden. Demnach ist Konfliktwahrnehmung eine schwächere Form der Messung von Konflikten als tatsächliches Konfliktverhalten. Dafür erlauben unsere Daten auf der Mikro-Ebenen aber eine klare Isolierung unseres Kausalzusammenhangs von Umweltveränderung über Migration zu Konfliktwahrnehmung. Ein klarer Zielkonflikt, wie so häufig in der Wissenschaft, aber wir denken, dass die von uns gewählte Option klar am zielführendsten ist.

Um nun aufzeigen zu können, ob der Klimawandel durch eine verstärkte Migration möglicherweise zu Konflikten führen kann, sind wir in zwei Schritten vorgegangen. Im ersten Schritt haben wir untersucht, ob bzw. welche Umweltereignisse zu einer erhöhten Migration führen. Dazu haben wir sowohl Menschen, die migriert sind, als auch Menschen, die sich entschieden haben, trotz der Umweltveränderungen zu bleiben, in unsere Analyse miteinbezogen. Es ist sehr wichtig, auch die Nicht-Migranten zu befragen, denn Migration ist nur eine mögliche Strategie, um mit Umweltveränderungen umzugehen. Die andere Strategie bedeutet, zu bleiben und sich mit den neuen Gegebenheiten zu arrangieren. Und ohne dies zu berücksichtigen, indem eben nur Migranten befragt werden – eine Strategie, die leider in der Forschung häufig vorkommt –, kann es daher zu stark verzerrten Ergebnissen kommen. Im zweiten Schritt haben wir uns dann auf die Migranten fokussiert, um zu evaluieren, welchen Konflikten sie in ihrer neuen Heimat ausgesetzt sind und ob sich Umweltmigranten in ihrer Konfliktwahrnehmung von anderen Migranten unterscheiden.

In beiden Schritten unterscheiden wir zwei Typen von Umweltveränderungen: Extremwetterereignisse wie Stürme und Überflutungen und schleichende Umweltveränderungen wie Dürren und das Steigen des Meeresspiegels. Der Grund für diese Unterscheidung liegt darin, dass im ersten Fall Migration häufig die einzig mögliche Reaktion darstellt. Wenn ein Hurrikan auf ein Dorf trifft und dieses verwüstet, bleibt meistens nur der Wegzug. Im Gegensatz dazu lassen die schleichenden Umweltereignisse es häufig zu, dass Menschen sich anpassen. Beispielsweise ist es möglich, resistentes Saatgut zu verwenden oder die Bewässerungsanlagen zu verbessern. Sprich: Wir erwarten theoretisch, dass je nach Umweltveränderung der Einfluss auf die Migration größer bzw. kleiner sein sollte. Und genau dies zeigen auch unserer Ergebnisse: Denn nur im Falle von Extremwetterereignissen sehen wir eine signifikante Zunahme der Migrationswahrscheinlichkeit bei unseren Befragten (Koubi et al. 2016a, 2016b).

Im Falle der schleichenden Umweltveränderungen optieren dagegen unsere Befragten eher zum Verbleib am Heimatort. Dafür kann es mehrere Gründe geben. Zum einen ist Migration klar kostspielig. Menschen verlassen schlicht nicht gerne ihren Heimatort, an dem sie sich sozial, emotional und auch monetär (beispielsweise durch den Besitz eines Hauses oder Lands) gebunden fühlen (Adams und Adger 2013; Penning-Roswell 2013; Lewicka 2011; Mortreux und Brarnett 2009). D.h., wenn es möglich ist, sich anzupassen, sollten Menschen dies auch tun. Allerdings gibt es auch eine weniger positive Möglichkeit, die dieses Ergebnis erklären könnte, nämlich das Konzept der „trapped populations" (Foresight Migration and Global Environmental Change 2011; Black und Collyer 2014). In unserem Fall könnte es auch sein, dass es gewisse Bevölkerungsschichten gibt, die zwar von den Umweltveränderungen stark betroffen sind, aber aufgrund von Ressourcenknappheit schlicht nicht migrieren können. In einer Folgestudie sehen wir gewisse Anzeichen genau dafür (Koubi et al. 2018). Es sind häufig, die ärmsten, ältesten und am schlechtesten ausgebildeten Befragten, die im Falle von Umweltveränderungen nicht migrieren. Dies ist vor allem im Falle der Extremwetterereignisse äußerst besorgniserregend, denn diese Bevölkerungsschichten haben wohl auch die geringsten Schutzmöglichkeiten.

Wenn wir uns nun aber dem zweiten Schritt unserer Analyse zuwenden, sehen wir ein äußerst spannendes Ergebnis: Zwar ist die Wahrscheinlichkeit relativ gering, dass diejenigen, welche schleichenden Umweltveränderungen ausgesetzt sind, überhaupt erst migrieren. Aber wenn sie es tun, dann mit der Folge, dass sie signifikant verstärkte Konfliktwahrnehmungen haben. Mit anderen Worten, Extremwetterereignisse führen zwar zu mehr Migration, aber nicht zu mehr Konfliktwahrnehmung, wohingegen schleichende Veränderungen nicht unbedingt zu mehr Migration führen, aber wenn dann doch migriert wurde, sich Konfliktwahrnehmungen stark erhöhen. Warum ist das so?

Ursachenforschung und Analyse der Hintergründe

Wir argumentieren, dass dies an der Art und Weise liegt, wie diese Umweltveränderungen auf die Menschen wirken. Extremwetterereignisse führen meistens zu einer sehr starken Zerstörung und viel Leid. Aber diese Zerstörung und das Leid treffen normalerweise alle mehr oder weniger gleichermaßen. Es gibt also ein absolutes Leid, aber mit wenig relativen Unterschieden zwischen den Betroffenen. Genau das Gegenteil charakterisiert die Situation im Falle der schleichenden Umweltveränderungen. Hier betrifft es manche extrem und andere weniger extrem. Je nach Berufsart und Reichtum variieren die Möglichkeiten, sich anzupassen, enorm (Black 2011; Piguet 2011). In der Folge heißt das, das absolute Ausmaß der Zerstörung durch diese Umweltveränderungen muss nicht unbedingt groß sein, aber die relativen Unterschiede sind zumeist enorm. Und wir wissen aus der Psychologie, dass es eben genau diese relativen Unterschiede im Ausmaß des Leidens sind, die Menschen anfälliger machen, nachher größeres Konfliktpotential zu besitzen (Catani et al. 2008).

Zudem unterscheiden sich die beiden Typen von Umweltveränderungen noch durch ihren Zeithorizont. Während Extremwetterereignisse zwar heftig sind, ist ihre Dauer zumeist kurz. Das Gegenteil kennzeichnet wiederum schleichende Umweltveränderungen. Hier ist die Dauer sehr lange, aber es geht eben – wie der Name sagt – schleichend vonstatten. Wenn sich nun Menschen aufgrund von diesen schleichenden Umweltveränderungen entscheiden, doch zu migrieren, haben sie wahrscheinlich einen sehr langen Leidensweg hinter sich. Sie werden über einen längeren Zeitraum versucht haben, sich an die neuen Gegebenheiten anzupassen und erst als es nicht mehr ging, sind sie doch migriert. Wir wissen aus der Konfliktforschung, dass eine wiederholte und langanhaltende Auseinandersetzung mit einem Konfliktauslöser nötig ist, um tatsächlich Konflikte auszulösen (Haer und Böhmelt 2016; Taft et al. 2012; Holt 2008).

Wenn wir diese Argumente nun zusammennehmen, ergibt sich genau das Bild, welches sich in unserer Analyse widerspiegelt: Menschen, die aufgrund von schleichenden Umweltveränderungen geflohen sind, bringen ihre Leiden stärker an den neuen Heimatort mit als dies Menschen tun, die aufgrund von Extremwetterereignissen geflohen sind.

Was bedeuten diese Ergebnisse nun für die Praxis? Wohl zunächst einmal, dass ein stärker differenziertes Bild, wie sich Umweltveränderungen auf Migration und dann auch auf Konflikte auswirken, von Nöten ist. Unter der Annahme, dass die meisten Menschen wohl gerne an ihrem Heimatort bleiben möchten, wäre es wichtig, in Adaptionsmechanismen zu investieren. Dies kann – je nach lokalen Gegebenheiten – bedeuten, dass es vermehrt Investitionen in Bewässerungsanlagen bzw. in Aufforstung als Schutz vor Stürmen oder Überflutungen geben sollte. Vor allem in Ländern, die zukünftig stark unter Umweltveränderungen durch den Klimawandel leiden werden, wären frühzeitige Investitionen in mögliche Adaptionsmaßnahmen sicher lohnenswert, um eine verstärkte Emigration zu vermeiden.

Wenn es sich allerdings um sogenannte ‚Trapped Populations' handelt, also um Bevölkerungsschichten, die migrieren möchten, dies aber nicht können, ist Adaption wohl nicht die geeignete Strategie. In diesem Fall müssten die lokalen politischen Verantwortlichen Lösungen finden, die es diesen Menschen erlauben, eine neue Heimat innerhalb ihres Landes zu finden. Allerdings ist diese Strategie nicht ganz problemfrei: Zum einen muss überhaupt eine politisch durchsetzbare Möglichkeit gefunden werden, sprich ein neuer Heimatort, der gewillt ist, diese Menschen aufzunehmen und an dem diese Menschen auch leben möchten. Vor allem unter dem empirischen Befund unserer Studie, dass diese Menschen aufgrund ihrer stark erhöhten Konfliktwahrnehmung womöglich schwerer integrierbar sind als andere Migranten, ist dies politisch wahrscheinlich ein schweres Unterfangen. Dazu kommt noch, dass es sich bei den ‚Trapped Populations' häufig um ärmere, ältere und wenig gebildete Bevölkerungsschichten handelt, also um Teile der Bevölkerung, die an einem neuen Heimatort nicht problemlos Arbeit finden können, um ökonomisch selbständig zu leben. Zum anderen kann eine politische Initiative, die versucht ‚Trapped Populations' eine neue Heimat zu bieten, nichtintendierte Konsequenzen haben. Denn um diesen Bevölkerungsschichten zu helfen, müssen sie erst identifiziert werden. Und wenn klar erkennbar ist, dass mit dem Label ‚Trapped Populations' ökonomische, politische oder soziale Vorteile einhergehen könnten, öffnet dies potentiellem Missbrauch die Tür. Sehr sorgfältige Politikveränderung ist demnach hier gefragt.

Schlussendlich stellt sich noch die Frage, wie die neuen Heimatorte mit den Migranten umgehen sollen, bzw. wie letztere integriert werden. Bislang wissen wir noch sehr wenig darüber, ob die Bevölkerung in Entwicklungsländern an Orten, welche viele Migranten aufnehmen, unterschiedlich auf verschiedene Migrantentypen reagiert. Macht es einen Unterschied, ob Wirtschaftsflüchtlinge, politisch Verfolgte oder eben Umweltflüchtlinge aufgenommen werden? Was bedeutet das beispielsweise für den Arbeitsmarkt oder die Ausbildungsmöglichkeiten, wenn unterschiedliche Typen von Migranten aufgenommen werden müssen? Welche politischen Strukturen sind unter diesen Umständen am geeignetsten, um Konflikten vorzubeugen? Viele äußerst wichtige Fragen stellen sich in diesem Kontext. Denn natürlich liegt es auf der einen Seite an den Migranten selbst, wie sie sich integrieren und ob es in diesem Prozess zu Konflikten kommt. Aber genauso kommt es auf die Strukturen und den Willen, aber auch die Einstellung der Bevölkerung am neuen Heimatort an, ob die Integration gelingen kann. Einem Teil dieser Fragen werden wir uns künftig in einem Folgeforschungsprojekt widmen. Denn aufgrund der drastischen Zunahme klimabedingter Umweltveränderungen ist klar, dass diese Probleme in den nächsten Jahren zunehmen werden.

Literatur

Adams, H. und Adger, W. N. (2013): 'The Contribution of Ecosystem Services to Place Utility as a Determinat of Migration Decision-Making'. *Environmental Research Letters* 8 (1), S. 1–6.

Barnett, J. und Adger, N. (2007): 'Climate Change, Human Security, and Violence'. *Poitical Geography* 26 (6), S. 639–655.

Bernauer, T., Böhmelt, T. und Koubi, V. (2012): 'Environmental Changes and Violent Conflict'. *Environmental Research Letters* 7 (1), S. 1–9.

Black, R., Adger, W. N., Arnell, N. W., Dercon, S., Geddes, A. und Thomas, D. (2011): 'The Effect of Environmental Change on Human Migration'. *Global Environmental Change* 21 (1), S. 3–11.

Black, R. und Collyer, M. (2014): 'Populations 'Trapped' at Times of Crisis'. *Forced Migration Review* 45, S. 52–56.

Catani, C., Jacob, N., Schauer, E., Kohila, M. und Neuner, F. (2008): 'Family Violence, War, and Natural Disasters: A Study of the Effect of Extreme Stress on Children's Mental Health in Sri Lanka'. *BMC Psychiatry* 8 (33), S. 1–10.

Foresight Migration and Global Environmental Change (Hrsg.) (2011): 'Final Project Report'. The Government Office from Science, London. <http://www.bis.gov.uk/foresight/migration>. Zugriff 26.11.2017.

Gleditsch, N. P., Nordås, R. und Salehyan, I. (2007): 'Climate Change and Conflict. The Migration Link. Coping with Crisis Working Paper Serier'. New York: International Peace Academy.

Haer, R. und Böhmelt, T. (2016): 'Child Soldiers as Time Bombs? Adolescents. Participation in Rebel Groups and the Recurrence of Armed Conflict'. *European Journal of International Relations 22* (2), S. 408–436.

Holt, S., Buckley, H. und Whelan, S. (2008): 'The Impact of Exposure to Domestic Violence on Children and Young People: A Review of the Literature'. *Child Abuse & Neglect 32* (8), S. 797–810.

Homer-Dixon, T. F. (1999): 'Environment, Scarcity, Violence'. Princeton: Princeton University Press.

Hunter, L. M., Luna, J. K. und Norton, R. M. (2015): 'Environmental Dimensions of Migration'. *Annual Review of Sociology 41* (6), S. 1–21

IPCC (Hrsg.) (2014): 'Climate Change 2014: Synthesis Report'. *Contribution of Working Groups I, II and III to the Fith Assessment Report of the Intergovernmental Panel on Climate Change.* Geneva: IPCC.

Kahl, C. H. (2006): 'States, Scarcity, and Civil Strife in the Developing World'. Princeton: Princeton University Press.

Koubi, V., Böhmelt, T., Spilker, G. und Schaffer, L. (2018): 'On the Determinants of Environmental Migrants' Conflict Perception'. International Organization 72(4), pp. 905–936.

Koubi, V., Spilker, G., Schaffer, L. und Böhmelt, T. (2017): 'Environmental Migration: Adaption, Vulnerability, and Trapped Populations'. Working Paper.

Koubi, V., Stoll, S. und Spilker, G. (2016): 'Perceptions of Environmental Change and Migartion Decisions'. *Climatic Change 138* (3), S. 439–451

Koubi, V., Spilker, G., Schaffer, L. und Böhmelt, T. (2016a): 'Environmental Stressors and Migration: Evidence from Vietnam'. *World Development 79*, S. 197–210

Koubi, V., Spilker, G., Schaffer, L. und Böhmelt, T. (2016b): 'The Role of Environmental Perceptions in Migration Decision-making: Evidence from both Migrants and Nonmigrants in Five Developing Countries'. *Population & Environment 38* (2), S. 134–163

Lewicka, M (2011): 'On the Variety of People's Relationship with Places'. *Environment and Behavior 43* (5), S. 676–709

Mortreux, C. und Brarnett, C. (2009): 'Climate Change, Migration, and Adaptation in Funafuti, Tuvalu'. *Global Environmental Change 19* (1), S. 105–112

Myers, N. (1993): 'Utimate Security: The Environmental Basis of Political Stability'. New York: W. W. Norton & Company.

iDMC international displacement monitoring centre (Hrsg.) (2015): 'Global Estimates 2015: People Displaced by Disasters'. <http://www.internal-displacement.org/publications/global-estimates-2015-people-displaced-by-disasters> Zugriff 26.11.2017.

Penning-Roswell, E., Sultana, P. und Thompson, P. M. (2013): 'The 'Last Resort'? Population Movement in Response to Climate-Related Hazards in Bangladesh'. *Environmental Science and Policy 27*, S. 44–59.

Piguet, E., Pécoud, A. und de Guchteneire, P. (Hrsg) (2011): 'Migration and Climate Change'. Cambridge, New York, Melbourne, Madrid, Cape Town, Singapore, Sáo Paulo, Dehli, Mexico City.

Raleigh, C., Jordan, L. und Salehyan, I. (2008): 'Assessing the Impact of Climate Change on Migration and Conflict'. Paper Prepared for the Social Dimensions of Climate Change. Washington D. C.: World Bank.

Reuveny, R. (2007): 'Climate Change-Induced Migration and Violent Conflict'. Political Geographiy 26 (6), S. 656–673.

Salehyan, I. (2008): 'From Climate Change to Conflict? No Consensus Yet'. Journal of Peace Research 45 (3), S. 315–326

Suhrke, A. (1997): 'Environmental Degradation, Migration, and the Potential for Violent Conflict'. In: N. P. Gleditsch (Hrsg.): Conflict and the Environment. Dodrecht: Kluwer Academic Publishers. S. 255–272.

Taft, C. T., Creech, S. K. und Kachadourian, L. (2012): 'Assessment and Treatment of Posttraumatic Anger and Aggression: A Review'. Journal of Rehabilitation Research and Development 49 (5), S. 777–788.

Theisen, O. M., Gleditsch, N. P. und Buhaug, H. (2013): 'Is Climate Change a Driver of Armed Conflict?' Climatic Change 117, S. 613–625.

Laura Bürzer*

Die Abschaffung der Menschheit

Abstract: The radical anti-natalistic approach to mitigate future climate change consequences is critically assessed and compared with existing alternatives of social politics on the one hand and ethical issues on the other.

Keywords: financial compensation, one-child policy, single-child families

Ob Wachstum Grenzen hat, liegt auf der Hand: Unzählige Beweise von Ressourcenknappheit über explodierende Kauf- und Mietpreise bis hin zu extremen Verkehrssituationen in Großstädten dieser Welt zeigen, dass Menschen aufgrund von Wachstum leiden. Der Kern allen Übels – glaubt man dem „Neuen Bericht an den Club of Rome" (Randers 2016) – sind die Menschen selbst, ihr Drang sich fortzupflanzen und die Philosophie des grenzenlosen Wachstums.

„Meine Tochter ist das gefährlichste Tier der Welt"

Laut den Aussagen des norwegischen Zukunftsforschers Jorgen Randers und des britischen Ökonomen Graeme Maxton (2016) gibt es zu viele Menschen auf dieser Welt. Die wachsende Zivilisation ist eine der Hauptursachen für die fortschreitende Zerstörung des Planeten. Randers bezeichnete sogar seine eigene Tochter als „gefährlichstes Tier der Welt", da sie 30-mal mehr Ressourcen als Kinder in Entwicklungsländern verbrauche. Das Duo begrenzt ihre These auch nicht nur auf Entwicklungsstaaten in Asien und Afrika, sondern spricht explizit auch von Industriestaaten in Europa, wie zum Beispiel Deutschland. Die Lösung für all die Probleme der Erde ist es also, einen Weg zu finden, dass Frauen maximal ein Kind bekommen. Aber wie ist das zu erreichen?

Maxton und Randers Vorschlag ist das Modell der Ein-Kind-Politik. Im Gegensatz zum chinesischen Modell, welches aufgrund von offensichtlich vorhersehbaren Folgen im Januar 2016 auf eine Zwei-Kind-Politik geändert wurde, sieht das Modell des Club of Rome eine andere Strategie als zielführend an. Sie möchten Frauen an ihrem 50. Geburtstag 80.000 Euro schenken, wenn sie bis dahin maximal nur ein Kind bekommen haben. Das klingt zunächst utopisch, aber trotzdem lohnt es sich, diesen Prognosen und Vorschlägen einmal zuzuhören.

Warum sollte man den Bericht ernst nehmen?

Der Club of Rome, der 1968 auf Initiative des italienischen Industriellen Aurelio Peccei und des schottischen Wissenschaftlers Alexander Kind in Rom gegründet wurde, ist ein Zusammenschluss von Führungspersönlichkeiten unterschiedlicher Lebensbereiche, wie Politik, Wissenschaft, Kultur und Wirtschaft. Es sind handverlesene Mitglieder, Bewerbungen sind nicht üblich und ein hohes politisches Amt schließt die Mitgliedschaft aus. Derzeit gibt es circa 65–70 Mitglieder, unter anderem das Aufsichtsratsmitglied der Bertelsmann Stiftung, Elisabeth Mohn, und den ehemaligen Generaldirektor der Wiener Städtischen Allgemeine Versicherung, Siegfried Sellitsch.

1973 erhielten sie den Friedenspreis des Deutschen Buchhandels als bisher einzige Organisation anstelle einer Einzelperson. Das liegt vor allem an ihrer Publikation „Die Grenzen des Wachstums". In dieser, von ihnen 1972 in Auftrag gegebene Studie, erstellten sie eine Prognose für die weitere Entwicklung der Erde. Damit veröffentlichte der Club eine der bekanntesten Warnungen zur Endlichkeit der Ressourcen unserer Erde. Nach der Veröffentlichung des Buches soll die Umweltbewegung erst losgegangen sein. Die deutschen Grünen (Grünen/Bündnis 90) sehen das Buch als Initialzündung für ihre Partei. Bis heute sind von diesem Buch über 30 Millionen Exemplare in 30 Sprachen verkauft worden. Und bis heute lässt die Wachstumsdebatte die Menschen nicht mehr los. Heute weiß man, viele ihrer Prophezeiungen sind nicht wahr geworden. Und auch wenn einen das alles nicht interessiert, kann und muss man sich die Gedanken des Club of Rome näher ansehen. Jegliche Lösungsansätze, die zur Verbesserung der derzeitigen Probleme führen könnten, sind es wert, sich kritisch mit ihnen auseinanderzusetzen.

13 leicht realisierbare Maßnahmen

Maxtons und Randers (2016) Studie trägt den Titel: „Ein Prozent ist genug. Mit wenig Wachstum soziale Ungleichheit, Arbeitslosigkeit und Klimawandel bekämpfen". Neben der Prämie für Kinderlose und Familien mit nur einem Kind, führen sie zwölf weitere Punkte an, mit denen die Welt gerettet werden soll. Sie fordern unter anderem eine Anhebung des Renteneintrittsalters auf 70 Jahre, eine CO_2-Steuer, eine Reichen-Steuer und eine hundertprozentige Steuer auf Erbe. Die Abwanderung von Arbeitsplätzen aus Industriestaaten ließe sich nach Einschätzung der Forscher durch eine Beschränkung des Außenhandels wirksam bekämpfen. Das Duo spricht von *„13 leicht realisierbaren Maßnahmen"*, sind sich aber auch bewusst darüber, dass ihre Vorschläge auf Kritik stoßen werden.

Wie realistisch ist es wirklich?

Geht man davon aus, dass der Überbevölkerung der Erde – als fiktiver Ursprung allen Übels – durch finanzielle Anreize entgegengetreten werden könnte, bleiben Bedenken an dieser Lösungstheorie. Die Frage, die man sich stellen sollte, ist: Würde *ich* mich dazu entscheiden, kein oder nur ein Kind zu bekommen, wenn ich wüsste, ich bekäme 80.000 Euro mit 50 Jahren? Und wenn nein, wieso nicht? Ich, als Frau in meinen Zwanzigern, gehöre genau zu jenen Frauen, die sich in Zukunft dafür oder dagegen entscheiden müssten.

Und meine Antwort: *Auf gar keinen Fall.* Keine Ahnung, was in 30 Jahren sein wird. Genau diese ‚Zukunfts-Dummheit‘ ist der Hauptfaktor, wieso dieser Vorschlag nicht funktionieren würde. Wie oft erzählen uns unsere Eltern, wir sollen für die Rente vorsorgen, Bausparverträge abschließen oder Geld unter unser Kopfkissen legen? Wie oft denken junge Leute in ihren Zwanzigern wirklich an ihre Rente? Frauen in ihren Zwanzigern und Dreißigern bekommen Kinder ohne zu wissen, wie ihr Leben mit 50 aussehen wird. Hinzu kommt: Wer versichert mir, dass die regierenden Parteien in 30 Jahren dem Vorschlag zustimmen und mir meine 80.000 Euro auch wirklich geben? Wer versichert mir, dass der Staat, in dem ich lebe, immer noch solvent und in der Lage ist, mir meine 80.000 Euro auch wirklich zu geben?

Außerdem ist da noch der unterschiedliche Nutzen der 80.000 Euro. 80.000 Euro sind nämlich nicht nur in jedem Land unterschiedlich viel wert, sondern sogar in jeder Stadt. Während man in Dresden dafür noch ein Apartment kaufen kann, bekommt man in München zwei Garagenstellplätze. Um Menschen letztendlich wirklich attraktiv zu ‚bestechen‘, müssten die Regierungen erheblich mehr ausgeben. Denn damit hat kein Mensch, der in einem Industriestaat lebt, ‚ausgesorgt‘.

Zu unserem Glück müssen wir auch gar nicht nur auf Hypothesen vertrauen. Das Experiment der „Ein-Kind-Politik" ist, beziehungsweise war, Realität in China. Genau wie Maxton und Randers wollte die kommunistische Regierung Chinas das Bevölkerungswachstum kontrollieren, indem gesetzlich vorgeschrieben wurde, dass Frauen maximal ein Kind bekommen dürfen. Wohin das alles führte? Eine der ‚harmlosen‘ Folgen ist die Entstehung einer Generation von Einzelkindern mit geringer Sozialkompetenz. Und das allein ist für mich ein Grund, das Angebot nicht anzunehmen. Menschen, die selbst Geschwister haben, wissen diese – früher oder später – zu schätzen und Menschen, die als Einzelkind aufgewachsen sind, wollen das ihren Kindern nicht antun. Schlimmer werden die Folgen, wenn man sich die extreme Überalterung der Gesellschaft oder die maßlose Zahl an Abtreibungen ansieht. Ganz abgesehen vom kommerziellen Töten und Handeln mit Kindern.

Und zu guter Letzt: Menschen bekommen Kinder aus Liebe. Sie wollen heiraten, eine Familie gründen, in den Urlaub fahren und im Elternbeirat des Kindergartens aktiv sein. Jede Familie, die ‚genügend' Geld hat, um ihre Kinder zu versorgen, wird das Angebot der 80.000 Euro alleine deshalb nicht annehmen. Und die Familien, die weniger Geld haben, auch nicht. Sie sind heute, auch ohne den Incentive von 80.000 Euro diejenigen, die mehr Kinder haben als Familien mit mehr Geld. Das hat unterschiedliche Gründe. Das Überleben von Familien in afrikanischen und asiatischen Gesellschaften hängt heute teilweise noch von der Anzahl der Familienmitglieder ab. So kann ein Kind eine zusätzliche Arbeitsressource sein, um die noch verbreitete Feld- und Farmarbeit zu erledigen. Hier müssten wohl vorher wirtschaftspolitische Umstrukturierungen vorangestellt werden, bevor das Ein-Kind-Modell Anwendung findet. Der Verlust eines Kindes kann daher in manchen Familien mit wirtschaftlichem Verlust gleichgesetzt werden. Ein wirtschaftlicher wie auch insbesondere ein emotionaler Verlust, der auch mit 80.000 Euro nicht wieder gut gemacht werden kann.

Was sagt die Politik?

Nach der Veröffentlichung des Berichts 2016 wurde er von unterschiedlichen Persönlichkeiten kontrovers diskutiert. Die regierenden Parteien in Deutschland waren sich überraschenderweise sogar einig. Die stellvertretende Fraktionsvorsitzende der Grünen, Kerstin Andreae, ist sich zwar auch sicher, dass der ungezügelte Konsum der Menschen unseren Planeten zerstört, denkt aber auch, dass eine „Ein-Kind-Politik" keine Lösung ist. Ja, die Grünen sagen, man solle die Umwelt nicht über die Menschen stellen. Stellvertretender Fraktionschef der Union, Michael Fuchs, sieht den kompletten Bericht als realitätsfern. Die Welt müsse wachsen, damit auch Wohlstand und Sicherheit steigen (Bernau 2016).

Der einzige Befürworter dieses Vorschlags des Club of Rome ist Bundesentwicklungsminister Gerd Müller. Für ihn sei die Organisation ihrer Zeit immer voraus gewesen, deshalb müsse man ihnen zuhören. Der Club of Rome selbst hofft, dass, auch wenn ihre Vorschläge ‚unkonventionell' sind, die Gesellschaft den Wandel begrüßt, statt in Angst vor Veränderung zu verharren. Aber tun wir das? Hat die Gesellschaft in den letzten Jahrzehnten nicht bewiesen, dass sie innovativ sein kann?

Mögliche Alternativen

Anstatt Familien eine zukünftige Möglichkeit auf Reichtum vorzugaukeln, gibt es unzählige anderweitige Möglichkeiten, das Geld zu nutzen. Ganz oben auf der Liste: Verhütungsmittel. Subventioniert man sie, oder stellt sie gleich ganz kostenlos zur Verfügung, würde dies, meiner Meinung nach, zu einer Abnahme ungewollter Schwangerschaften führen. Packt man darauf noch finanzielle Mittel für landesweite Aufklärungskurse, erhöht man weiterhin die Chancen, das Bevölkerungswachstum zu reduzieren. Und ich spreche nicht von dem einen Aufklärungskurs, den ich einmalig in der fünften Klasse durchleben durfte. Nein, es braucht eine landesweite, grundlegende und wiederholte Aufklärung junger Erwachsener.

Zudem gibt es unzählige andere finanzielle „Lockmöglichkeiten", junge Menschen dazu zu bringen, keine Kinder zu bekommen. Genauso wie man Kindergeld, Elterngeld oder andere finanzielle Unterstützung für Familien mit Kindern zahlt, könnte man denjenigen, die maximal ein Kind haben, Steuervorteile versprechen. Diese würden vielleicht für den einen oder anderen die „Ein-Kind-Politik" attraktiver erscheinen lassen. Warum das besser wäre als 80.000 Euro mit 50? Weil es aktuell und im gleichen Moment auf ihrem Gehaltszettel zu sehen ist.

Des Weiteren könnte auch eine gerechtere Umverteilung der verfügbaren Ressourcen einiges bewirken. So gibt es bereits Studien, die darlegen, dass die derzeitige Nahrungsindustrie bis zu 10 Milliarden Menschen ernähren könnte, wenn die verfügbaren Kapazitäten proportional gerecht verteilt werden würden.

Wie anfangs angesprochen, hat Wachstum Grenzen. Der Club of Rome weiß das, und die Regierungen dieser Welt auch. Nichtsdestotrotz kommen innovative Lösungsansätze nur mit Schwierigkeiten voran. Aber aufgrund der ‚Zukunftsdummheit' gibt es Atomkraftwerke, Kriege und Ressourcenverschwendung. Deshalb braucht es Kinder und Erwachsene, die nachhaltig leben. Ein verschwenderisches Kind kann den gleichen ökologischen Fußabdruck haben wie fünf weniger begüterte Kinder zusammen. Die Umweltbelastung eines Menschen hängt nämlich weniger von der Menge der genutzten Rohstoffe ab, sondern von deren Nachhaltigkeit. Die Lösung liegt also nicht in weniger Kindern, sondern in der nachhaltigen Nutzung der Ressourcen unserer Erde.

Trotz alledem versucht der Bericht des Club of Rome mit seinen zahlreichen Publikationen auf die Missstände der Welt aufmerksam zu machen. Mit ihren extremen Lösungsvorschlägen regen sie den öffentlichen Diskurs an und sind somit ein unterstützender Faktor unserer Demokratie. Ob ihre Prophezeiungen wahr oder ihre Vorschläge Realität werden, bleibt abzuwarten.

Literatur

Bernau, P. (2016): ‚*Ärger über den „Club of Rome"*'. Frankfurter Allgemeine Zeitung, 13 September 2016, Abrufbar <http://www.faz.net/aktuell/wirtschaft/wirtschaftspolitik/reaktionen-zur-kinderverzicht-praemie-des-club-of-rome-14433801.html >, accessed 23 November 2018.

Randers, J. (2016): ‚*2052. Der neue Bericht an den Club of Rome: Eine globale Prognose für die nächsten 40 Jahre*'. Oekom Verlag, München.

Randers, J. und Graeme, M. (2016): ‚*Ein Prozent ist genug: Mit wenig Wachstum soziale Ungleichheit, Arbeitslosigkeit und Klimawandel bekämpfen*'. Oekom Verlag, München.

Johanna Bauchinger*

Grenzen des Wachstums in einer singularisierten Gesellschaft

Abstract: Social individualization and singularization produce patterns of behavior that jeopardizes societal solidarity and promotes fatalism over solution-seeking.

Keywords: selfish gene, global acting, sensing borders

Einleitung

Wollte man den Drehbuchautoren und den zahlreichen Besuchern der entsprechenden Filme Bedeutung zuschreiben, auf alle Fälle im Sinne der Beschäftigung mit dem drohenden Erreichen der Grenzen des Wachstums, so ergibt sich folgende These: Die Anzahl der dystopischen und postapokalyptischen Filme könnte als Indikator eines im wahrsten Sinne des Wortes eskapistischen Umganges mit den terrestrischen Grenzen des Wachstums bzw. Visionen eines Unterganges in kriegerischen Auseinandersetzungen gedeutet werden. Das heißt: „Es gibt gar keine Fantasie mehr im Sinne einer Lösung" des Problems, sondern nur mehr einen Umgang mit dem „Danach".

Und dieses sieht häufig so aus: eine privilegierte Klasse hat sich in geschützte Räume auf oder jenseits der Erde zurückgezogen und der Rest der Menschheit lebt in Elend und im Kampf um die letzten Ressourcen. Ein anderes Szenario: die Erde ist gänzlich unbewohnbar geworden und das Leben der Menschheit geht woanders weiter (eine verharmlosende Version ist z.B. Wall-E). Die Grenze des Wachstums wird hier durch die Entgrenzung in den Weltraum gelöst. Oder wiederum anders, wie in der Matrix-Trilogie, haben die Maschinen die Erde erobert, gänzlich ausgebeutet und der Mensch selbst ist die letzte verbleibende Energiequelle.

Es ist auch wenig verwunderlich: Filme, die vom gelungenen Kampf gegen die global drohenden Umweltkatastrophen handeln, würden sich weniger gut verkaufen als „Blade Runner 2049". So möchte ich diesen Einstieg in den Essay nicht übertreiben, aber den interessanten Perspektiven der Ringvorlesung als ‚unabsichtlichen psychologisch-projektiven Test' anfügen. Wie fantasieren Drehbuchautoren die Zukunft der Menschheit?

Ich möchte im Weiteren beschreiben, warum ich diese dystopischen Perspektiven mehr und mehr teile (ohne allerdings in meinem Handeln gänzlich in

einen biedermeierlichen Rückzug zu verfallen, dies bin ich allein schon meinem
kleinen Sohn schuldig).

Das egoistische Selbst

Erstens: die Entgrenzung der pathologischen Narzissten. Die in der Vorlesung erwähnten Initiativen bzw. Think-Tanks wie der Club of Rome oder die
Degrowth-Bewegung werden wohl zumeist von Leuten ins Leben gerufen, die
weniger von pathologischem Narzissmus als von empathischen und altruisti-
schen Motiven getrieben werden. Jedoch, so meine Vermutung, arbeiten sich
genau diese Leute nicht in jene Führungsetagen der Politik oder Wirtschaft
durch, die dann zu den wichtigen Entscheidungsträgern einer Gesellschaft
gehören. Damit haben wir dann die Situation, dass die tatsächlich relevanten
Entscheidungen von Menschen getroffen werden, die von momentanen unsät-
tigbaren egoistischen Motiven getrieben werden, deren Selbst sich grenzenlos
Aufblasen möchte, sei es durch die Größe des Unternehmens oder die Fülle ihrer
Macht. Das heißt, die Personen, die vorausschauende Entscheidungen treffen
könnten, die für die nächsten Generationen Bedeutung haben und nicht dem
eigenen Erhalt von Größe dienen, kommen nicht in die entsprechenden Positionen, sondern bleiben in jenen hängen, bei denen ethisch wertvolle, aber häufig
relativ bedeutungsarme Initiativen zu entwickeln sind.

Entgrenzte Mobilität

Zweitens: durch die Globalisierung steigt der Aktionsradius der pathologischen
Narzissten. Diese haben nun die Möglichkeit, leichter außerhalb eines natio-
nalstaatlichen gesetzlichen Rahmens zu agieren. Sie können durch den in der
Vorlesung erwähnten Zugriff auf die Ressourcen anderer Ländern ‚entgrenzte‘
Unternehmen in ungeahnte Größe („to big too fail“) treiben. Diese Global
Player werden für Ihr Handeln oder unterlassenem Handeln nicht mit negativen Konsequenzen konfrontiert. Vielmehr verfügen sie über Möglichkeiten,
sich den negativen Folgen ihres Handelns oder nicht-Handelns zu entziehen. Sie
werden nicht an den abgeschmolzenen Polkappen leiden, wie normale Bürger
in den betroffenen Staaten. Welchen Grund könnte es für diese Menschen also
geben, sich mit dem Leid anderer Menschen in anderen Ländern und Zeiten zu
beschäftigen.

Entgrenzte Kommunikation

Drittens: die Medialisierung, und mit ihr die Verbreitung von Informations- und Kommunikationstechnologien, führt aus meiner Sicht im Großen und Ganzen nicht zu einem höheren Informationsgrad, der sich dann in global motiviertes, politisches Handeln umsetzt, sondern es führt lediglich zu besseren Möglichkeiten, sich im Moment abzulenken und Bedürfnisse ohne Aufschub zu befriedigen. Was wiederum einem vorausschauenden Handeln zuwider läuft und suchtartig nach der nächsten schnelleren Befriedigung gieren lässt: ‚grenzenloses Surfen', endlich keine Grenze mehr, endlich kann ich immer und überall – ja, was eigentlich? Mich selbst darstellen auf Facebook, einkaufen, spielen, mit anderen kommunizieren. Hauptsache, ich muss mich nicht mit der drohenden Realität beschäftigen, wie dies unter anderen Manfred Spitzer (2012) in seinem Buch „Digitalen Demenz" beschreibt. Der ‚arabische Frühling', auch getragen von den sozialen Netzwerken, ließ hier kurzzeitig hoffen, aber der weitere Verlauf lässt für mich wieder die ‚notwendige' Durchsetzung der beiden ersten Punkte befürchten.

Ich würde die Bedeutung der Medien in dem Sinne als biedermeierlichen Rückzug sehen, nicht mehr in die eigenen vier Wände, sondern in eine virtuelle Wirklichkeit. Wem nützt dies? Jenen, die die Ressourcen für diese Wirklichkeit zur Verfügung stellen und jenen, die froh sind, wenn es keine revolutionären Ideen und Bewegungen gibt und dadurch in ihren Machtpositionen bleiben können.

Komplexitätsreduktion

Viertens: Globalisierung und Unsicherheit löst in vielen Menschen den Wunsch nach Sicherheit im Sinne einer radikalen Reduktion von Komplexität aus: Es gibt klare Schuldige und klare Maßnahmen, die ergriffen werden können und müssen. Und Politiker, die diese Undifferenziertheit propagieren und demagogisch nutzen, haben großen Erfolg. Der unfassbare Wahlsieg Trumps kann hier als Spitze des globalen rechtslastigen Eisberges gesehen werden und Marie Le Pen als weiteres drohendes demokratisches Debakel erscheinen lassen. Entgrenzung führt zur Unsicherheit und zum Wunsch nach Grenzen. Die Grenzen des Wachstums sind also erreicht, wo die Unübersichtlichkeit und Komplexität (siehe Finanzwirtschaft) für Normalbürger zu einer Unkalkulierbarkeit führt, die wiederum das Bedürfnis nach ‚starken Männern', die durchgreifen, fordert. Diese sind dann exakt für die Lösung der Probleme am wenigsten geeignet.

Grenzenlose Unverantwortlichkeit

Fünftens: das neoliberale Wirtschaftssystem wird an den wichtigen Stellen von Menschen getragen, denen es um das permanente mehr geht. Für sie bietet dieses System genau die Möglichkeit, immer ‚größer' zu werden Ich finde, diesem Punkt der Überschneidung von Psychologie und globalökonomischer Betrachtungsweise wird zu wenig Aufmerksamkeit geschenkt. Eine Berücksichtigung beider Perspektiven könnte z.b. dazu führen, dass die Auswahl für Führungspositionen genau gegenläufig zum jetzigen System funktioniert. Menschen, die Interesse an Degrowth haben, werden nicht Konzernchef oder Bankenchef, sie wüssten nicht, warum das so erstrebenswert sei. Diese gehörten aber genau in jene Positionen, sollte es zu einer Akzeptanz der Wachstumsgrenzen kommen. Als Teufelskreis formuliert: das vorherrschende Wirtschaftssystem befördert genau jene Leute im Management nach oben, die ungeeignet sind, Verantwortung für die dauerhafte Gesundheit des Unternehmens oder der Menschheit zu übernehmen und die für die Durchsetzung ihrer Ziele bereit sind, Maßnahmen zu ergreifen, die Grenzen nicht akzeptieren (und zwar menschliche Grenzen: siehe Zuwachs von Burnoutfällen bzw. Umgang mit Arbeitskräften in Niedriglohnländern, siehe „Transnationale Produktionsarbeit und fragmentierte Wachstumsgesellschaften"), als auch ökologische Grenzen.

Durch die Globalisierung steigt wiederum der Wirkungskreis des unternehmerischen Managements an und gleichzeitig sinkt die Regulierbarkeit durch Nationalstaaten. Die Folge: Unternehmen sind politisch und juristisch nur mehr schwer direkt greifbar. Durch die Unternehmensform der Aktiengesellschaft gibt es keine emotionale oder ethische Bindung mehr ans Unternehmen oder die Belegschaft, die Aktie wird einfach verkauft, es geht nur um die Gewinnmaximierung. Und damit die Manager ihre Posten behalten, gilt es, die Shareholder zu befriedigen und zwar ‚um jeden Preis'. Der Abgasskandal vieler Autohersteller kann auch aus diesem Blickwinkel als Problem gesehen werden: Man muss wirtschaftlich so schnell wachsen, dass selbst technische Entwicklungen kaum Schritt halten können. Die Grenze des Wachstums muss aber negiert werden, da das narzisstische Management ungnädig reagieren würden. So muss die Wirklichkeit zurechtgebogen werden.

Die Verheißung des neoliberalen Systems, dass es in einem möglichst deregulierten System durch Konkurrenz zu einem gesunden Durchsetzen der Besten kommt, erweist sich als fataler Trugschluss. Denn diese Durchsetzung erfolgt durch Raubbau an menschlichen und stofflichen Ressourcen. Das neoliberale System muss dann irgendwann zwangsläufig dort landen, wo Grenzen von Systemen nicht länger akzeptiert werden können. Dies ist systemimmanent, wie der

Marxismus lehrt. Und so wie auf der einen Seite die Management-Philosophie mit ihrem Credo, dass durch gegenseitige Konkurrenz die Menschen zu Höchstleistungen motiviert werden sollen, zunehmend in die Kritik gerät, so kämpft auf der anderen Seite der Gedanke der Kollaboration, der gemeinsamen Zusammenarbeit, um Anerkennung. Kritik und Anerkennung tun sich aber beide schwer, da es hierfür ja ein anderes unternehmerisches Management bräuchte, wo wir wieder am Anfang wären. Und wer könnte hier antreten, um für eine Veränderung zu sorgen? Wer könnte solchen Einfluss haben? Wer kommt in einflussreiche Positionen?

Das unglaubliche an der Wahl Donald Trumps ist, dass er als Gegenkandidat des ‚Establishments' gewählt wurde, für das Hillary Clinton stand. Das heißt, die hoffentlich falsche Vermutung ist, dass die Lage des Planeten im Sinne der Unsicherheiten und Ungleichheiten dazu führt, dass die Erfolgschancen von Demagogen steigen und jene von Menschen, die differenziert mit Problemen umgehen wollen, sinken. Wenn diese pathologischen Narzissten dann gewählt sind, ist es zu spät und die Negativspirale geht weiter. Grenzen des Wachstums zu akzeptieren, braucht einen ganz anderen Menschentyp. Das zunehmende Gefühl der Hilflosigkeit und Unübersichtlichkeit, dass wir einfach keinen Einfluss auf zum Beispiel Trumps Amerika, Assads Syrien oder Putins Russland haben, führt, fatalistisch gesehen, zu Eskapismus. Der wird, da beißt sich die Katze in den Schwanz, herrlich ermöglicht durch den Konsum und die virtuellen Welten der sozialen Medien. Um sich wenigstens irgendein Gefühl von Selbstwirksamkeit zu ermöglichen, freut man sich am Mülltrennen oder am Kauf ‚biologischer' Produkte.

Die Taubheit der Wachstumsgrenze

Als letzten Punkt möchte ich noch grundsätzlich zu den „Grenzen des Wachstums" Stellung beziehen, und zwar im Sinne des ‚Spürens' der Grenzen. Stellen wir uns ein kleines, abgeschlossenes ökologisches System vor. Würde es dort zu einem ungebührlichen Wachstum eines Teils des Systems kommen, würde die Nahrungsgrundlage dieses Teils durch ‚Raubbau' immer mehr schrumpfen, was dann wieder zu einem Rückgang des hypertrophierten Teils führen würde. Dies bedeutet, dass das Überschreiten der Grenze phasenweise (physikalisch, biologisch) sanktioniert wird. Das Fehlen dieses dynamischen Fließgleichgewichts ist aus meiner Sicht genau das Problem: jene, die die Grenzen des Wachstumes überschreiten, bekommen dies nicht zu spüren. Warum sollten sie dann damit aufhören? Jene, die die letzte Wirtschaftskrise verursacht haben, haben nicht darunter gelitten, sondern es waren die einkommensschwachen Gruppen der

Gesellschaft. Jene die die ökologischen Probleme verursachen, werden nicht ihre Ernte verlieren, es wird nicht ihr Land sein, dass durch das geschmolzene Eis überflutet wird, es wird nicht ihr Arbeitsplatz sein, der verloren geht, es wird nicht ihre medizinische Versorgung sein, die schlechter wird. Warum sollte es nur einen Grund geben, wenn man die Grenze nicht spürt, diese zu respektieren? Es könnte nur ein sehr weiser, ethischer und altruistischer Grund sein, siehe obigen Punkt eins.

Danke für das Thema der Vorlesung, ich wäre gerne optimistischer und werde auch nicht aufhören zu hoffen, aber es wird nicht leichter.

Andreas Koch

Grenzen sozialer Ungleichheit

Abstract: Social inequality cannot be solved by promoting „everyone should have the same" but perhaps by arguing „everyone should have enough". The challenge is to agree upon a common understanding of „enough" that considers social and spatial variations in search of a decent life and a wealthy society.

Keywords: reallocation, statistical approaches, variation, basic income

„Heute ist die gute alte Zeit von morgen" (Karl Valentin)

Ein Einstieg

Die weltweite Ungleichheit unter den Menschen hat mittlerweile ein empörendes und durch kein vernünftiges Argument zu rechtfertigendes Ausmaß erreicht. Nach einer Studie von Oxfam (2017) besitzen die reichsten acht Menschen ein Vermögen, das so groß ist wie jenes der ärmeren Hälfte der Weltbevölkerung. Auch wenn es sich hier um eine ungenaue Schätzung handelt, so lässt auch ein ungefähres Ausmaß an sozialer Ungleichheit doch keinen anderen Schluss zu, als den, dieser Entwicklung von Kapitalkonzentration, von ökonomischer – und damit politischer und gesellschaftlicher – Macht Einhalt zu gebieten.

Soziale Ungleichheit an Einkommen und Vermögen ist nicht allein im globalen Vergleichsmaßstab zu bekämpfen und betrifft nicht allein die armen und ärmsten Regionen der Welt. Auch in wohlhabenden Gesellschaften wie der österreichischen sind Einkommen und Vermögen sehr ungleich verteilt, wie die österreichische Armutskonferenz (2015) konstatiert: „So verfügt die gesamte untere Hälfte der Haushalte über rund 4% des gesamten Bruttovermögens. Die obere Mitte (30% der Haushalte) hält rund 22% des gesamten Bruttovermögens, die Vermögenden (15% der Haushalte) besitzen rund 29% und die Top-5% halten rund 45% des gesamten Bruttovermögens".

Ein Ende oder zumindest eine Abschwächung dieses Trends scheint nicht in Sicht. Mit der Entkopplung von Waren- und Finanzökonomie scheint dem Motto „Geld aus Geld zu schöpfen" keine Grenzen gesetzt zu sein. Das Wort ‚Verdienen' passt hier langst nicht mehr. Was ist zu tun? „Ob es gelingt, weltweit Armut zu bekämpfen, hängt entscheidend davon ab, wie mit extremer sozialer Ungleichheit umgegangen wird. Eigentlich sind genug Ressourcen für alle da – sie sind nur extrem ungleich verteilt. Einige wenige Menschen besitzen immer mehr – und immer mehr Menschen immer weniger" (Oxfam 2017).

Eine Politik der Umverteilung von der lokalen bis zur globalen Ebene ist eine der drängenden Aufgaben, der sich verantwortungsvolle Politiker und die Weltgesellschaft zu stellen haben. Umverteilung im Sinne eines Abbaus extremer Ungleichverteilung von Ressourcen dient nicht allein jenen Menschen, die nicht oder nur in sehr geringem Maß an diesen Ressourcen partizipieren, sondern sie dient gerade auch den reichen und reichsten Menschen. Denn eine gleichmäßigere Verteilung sorgt für einen stabileren sozialen Frieden, eine Reduzierung gesellschaftlicher Diskriminierung, eine stärker demokratische Entscheidung über öffentliche Investitionen und Aufgaben sowie eine Stärkung der Nachfrage von Gütern und Dienstleistungen. Umverteilung ist *eine* Aufgabe, die nach Umsetzung ruft. Eine andere Aufgabe besteht in der Festlegung von Unter- und Obergrenzen sowie einer Spannweite, innerhalb dessen Umverteilung geschehen soll; und das zwischen unterschiedlichen sozialen Klassen und räumlichen sowie zeitlichen Maßstäben. Diese Aufgabe wird hier in Grundzügen skizziert.

Eine statistische Annäherung

Mit Hilfe einer Reihe von Indikatoren lassen sich Einkommens- und Vermögensungleichheiten statistisch beschreiben. Die Frage aber ist: helfen sie, die Ungleichheiten zu erklären und zu rechtfertigen? Dies ist in dem Sinne zu verstehen, dass mit ihnen eine Annäherung an die Bestimmung von Grenzwerten und Spannweiten gelingen kann.

In der Regel werden in multivariaten Regressionsanalysen zur Bestimmung der Streuung des Einkommens Variablen wie Alter, Geschlecht, Qualifikationsniveau, soziale Herkunft oder nach Branchen und Regionen differenzierte Tarifbestimmungen herangezogen. Allen diesen Variablen kann durchaus eine statistische Signifikanz (wenn auch in unterschiedlicher Stärke) attestiert werden. Das erkenntnistheoretische und moralische Problem aber ist, dass hier biologische, soziale, historische und räumliche Attribute als Rechtfertigung einer ökonomischen Differenzierung von Menschen oder Haushalten instrumentalisiert und politisiert werden. Wie sollte das Alter eines Menschen dazu dienen, Einkommensungleichheiten zu erklären? Weil der Alterungsprozess zunehmend mehr Ressourcen verschlingt? Womit kann erklärt werden, dass Frauen bei sonst gleichen Voraussetzungen weniger verdienen als Männer? Weil Geschlechtsunterschieden (auch) ökonomische Wertunterschiede inhärent sind? Gleichermaßen lassen sich Qualifikationsunterschiede hinterfragen: Warum verdient ein Krankenpfleger weniger als eine Ärztin? Weil ihnen eine unterschiedliche

Verantwortung unterstellt werden kann? Wie ließe sich – in Einkommenseinheiten ausdrückbar – die Verantwortung eines Landwirts für die Erhaltung einer ökologisch nachhaltigen Kulturlandschaft mit der einer U-Bahn-Fahrerin für ihre Fahrgäste vergleichend messen?

In einem empirischen Sinne werden die genannten Attribute jedoch tatsächlich als Erklärungsgrößen für Einkommensungleichheiten gesellschaftspolitisch akzeptiert oder zumindest achselzuckend hingenommen. Gleichermaßen kann dies für Vermögensungleichheiten und deren Erklärungsgrößen (Erbe, soziale Herkunft) unterstellt werden. Einer epistemologischen und moralischen Rechtfertigung halten sie allesamt kaum stand.

Als logische und moralisch adäquate Lösung scheint sich dann nur eine Position abzuzeichnen, die darauf hinausläuft, allen Menschen, unabhängig von Alter, Geschlecht, Ausbildung usw. dasselbe Einkommen für ihre Tätigkeiten zu gewähren. Es sind dabei nun nicht zuallererst die meritokratischen Prinzipien kapitalistischer Gesellschaften ins Feld zu führen, um eine solche Lösung gleichermaßen zu verwerfen. Ungleichheit als anthropologische, soziale und ethische Konstante in einem affirmativen und legitimen Sinn zu verstehen, heißt vielmehr anzuerkennen, dass Menschen unterschiedliche Begabungen, Fähigkeiten, Bedürfnisse, Interessen, Werthaltungen und Vorstellungen eines guten Lebens haben. Verwerflich ist, sie einem vertikalen Bewertungsraster zu unterwerfen, das glaubt, all diese Unterschiede monetär, exakt und vergleichend bepreisen zu können.

Gleich viel oder genug für alle?

In seinem Buch *On Equality* schreibt Harry Frankfurt (2015: 7): „Economic equality is not, as such, of any particular moral importance; and by the same token, economic inequality is not in itself morally objectionable. From the point of view of morality, it is not important that everyone should have *the same*. What is morally important is that each should have *enough*." Gleichheit bemisst sich in dieser moralischen Diktion nicht in einem ‚gleich sein‘ oder ‚gleich viel haben‘, was weder wünschenswert noch notwendig und auch politisch wie gesellschaftlich nicht realisierbar ist. Einmal abgesehen vielleicht von dystopischen politischen Systemen: von einem solchen ist in Yevgeny Zamyatins (2016) in den 1920er Jahren verfassten und 1972 erstmals (in Englisch) erschienenen Roman *We* die Rede, das davon lebt, dass Menschen als Ziffern in einem räumlich wie zeitlich fast vollständigen Transparenzsystem existieren und Handlungen im Tagesablauf exakt getaktet sind. Gleichheit bemisst sich in Auslegung von Frankfurts Zitat stattdessen in den Voraussetzungen, die Menschen zur Verfügung stehen, um ein erfülltes und zufriedenes Leben nach ihren Maßstäben von ‚erfüllt‘ und ‚zufrieden‘ zu leben – innerhalb eines moralisch und rechtlich legitimierten Rahmens – und es ermöglichen, Ungleichheiten in gewissem Umfang als ethisch akzeptabel und gerecht zu empfinden.

Damit sind wir aber noch nicht am Ziel einer Annäherung an die Grenzen sozialer Ungleichheit angelangt. Denn auch die Rede von einem ‚genug für alle‘ lässt unbefriedigende blinde Flecken zurück, weil nicht hinreichend bestimmt werden kann, worin dieses ‚genug‘ sich konkret bemisst. Heißt ‚genug‘ schon, genug zum physischen Überleben zu haben? Ist es ein an einem irgendwie definierten Maßstab orientiertes ‚genug‘, das es erlaubt, genug für ein sozialkulturell gutes Leben in Wien oder Bratislava zu haben? Oder ist ‚genug‘ erst dann erreicht, wenn alle Menschen sorgenfrei leben können und mit einem für alle Eventualitäten abgesicherten Puffer an Geld, Handlungsmacht und kollektiven Inklusionsmechanismen ausgestattet sind?

Die Debatten zum bedingungslosen Grundeinkommen (exemplarisch für viele Bücher zum Thema sei hier die überzeugende Analyse von Thomas Straubhaar (2017) zitiert) oder zur allgemeinen, einheitlichen und solidarischen Bürgerversicherung (wofür sich Christoph Butterwegge (2017) stark macht) leisten für die Frage nach den Grenzen sozialer Ungleichheit einen so wertvollen Beitrag, weil sie sich um eine Bestimmung des unteren Grenzwerts von ‚genug für alle‘ bemühen. Was noch aussteht, ist eine entsprechende Debatte über den oberen Grenzwert, nach dem Motto: So, wie es moralisch und sozial geboten erscheint, dass *kein* Mensch unter ein ökonomisch definiertes und politisch umgesetztes Mindesteinkommen fällt, so ist gleichermaßen ein Höchsteinkommen für *alle* zu definieren und umzusetzen. Dabei ist wohl die Definition der beiden Grenzwerte die größere theoretische Herausforderung als es die politischen Instrumente ihrer Umsetzung sind. Denn die bereits heute bestehende Komplexität von Steuer- und Abgabensystemen lässt plausibel vermuten, dass hier Lösungen schlummern, die für eine passend zugeschnittene Ausgestaltung des oberen Grenzwerts genutzt werden können.

Mit den Grenzwerten ist dann aber auch die Spannweite sozial legitimierter Ungleichheiten festgelegt. Eine solche Idee starrer Unter- und Obergrenzen trägt der sozialen Diversität von Lebensstilen und auch der Vorstellung, damit der sozialen Ungleichheit bei Einkommen und Vermögen Einhalt gebieten zu können, nicht Rechnung. Eine solche Vorgehensweise würde nämlich die Unterschiede an sozialräumlichen Verhältnissen unterschlagen und zwar selbst dann, wenn die Spannweite groß gewählt werden würde. Statt absoluter Festsetzungen von Unter- und Obergrenzen sind fließende Spannweiten geboten, die sich an den sozialräumlichen Unterschieden orientieren, ohne diese jedoch fraglos als gegeben hinzunehmen.

Gesellschaft und Raum als Grundlage einer Debatte – zunächst die Gesellschaft

Um diesem Ziel näher zu kommen, braucht es eine gesellschaftspolitische Debatte zum Umgang mit den sozialen und geographischen Einflussgrößen auf das ‚genug für alle'-Prinzip, und dies nicht allein, um individuellen Lebensstilen Spielräume der Verwirklichung einzuräumen, sondern um diesen zugleich einen volatilen sozialen Rahmen für moralisch vertretbare soziale Ungleichheit – hier im Sinne der Einkommens- und Vermögensungleichheit – innerhalb des ‚genug für alle' verbindlich festzulegen. Was ich hier meine, ist, dass es einen Unterschied macht, ob ich mit einem bedingungslosen Grundeinkommen von beispielsweise 1.500 Euro oder einem Mindestlohn von 8,50 Euro in einer Großstadt oder einer ländlichen Region lebe, bzw. mit einem Teilzeitjob für eine pflegebedürftige Angehörige zu sorgen habe, selbst körperlich eingeschränkt bin oder als Single in einer abbezahlten Wohnung lebe.

Eine solche gesellschaftspolitische Debatte fängt selbstverständlich nicht bei Null an. Die Frage der Suffizienz zieht sich wie ein roter Faden durch die philosophische, religiöse und politische Ideengeschichte zur Armuts- und Ungleichheitsbekämpfung. Sie gewinnt aktuell, angesichts der sozial drängenden Probleme des Klimawandels, des demographischen und technologischen Wandels, wieder an Brisanz. Ein etablierter Ansatz ist die normativ grundierte Festlegung eines Katalogs bzw. Warenkorbs an Gütern und Dienstleistungen, die für ein gutes, gelingendes Leben als notwendig erachtet werden, und aus dem der Deprivationsindex als Armutsindikator gebildet wird. Für eine – selbst fließende – Festlegung von Grenz(wert)en sozialer Ungleichheit nach dem ‚genug für alle'-Prinzip und unter Abwägung individueller Autonomie gegenüber gesellschaftlicher Verteilungserfordernisse, stellt sich die Frage nach der Zusammensetzung des Warenkorbs aufs Neue: Braucht es ein Auto? Gehört der Konsum von Fleisch zwingend in den Warenkorb? Ist eine Waschmaschine pro Haushalt unumgänglich?

Das Problem in meinen Augen ist dabei folgendes: Auch wenn der für den Deprivationsindex zugrunde gelegte Katalog an Gütern und Diensten einen gewissen gesellschaftlichen Konsens widerspiegelt, so wird er als für alle gleichermaßen relevant und gültig angesehen. Die Frage nach dem ‚genug für alle' und auch nach Armut und Wohlstand wird so nach vermeintlich verallgemeinerbaren Handlungsmaximen jedes einzelnen beantwortet. Insofern schränkt der Katalog alternative Lebensweisen ein und unterstellt eine sozialräumlich undifferenzierte Homogenitätserwartung an das gute Leben. Dabei kann in der Großstadt auf das Auto gänzlich verzichtet werden, ohne einem Armutsrisiko ausgesetzt zu sein, während in peripheren Gegenden sich das Auto kollektiv nutzen lässt.

Versuche, die variable Spannweite und Intervallgrenzen sozialer Ungleichheit zu bestimmen, sollten sich daher von der individuellen Perspektive auf die institutionelle verschieben. Öffentliche Daseinsvorsorge auf unterschiedlichen sozialen und räumlichen Maßstabsebenen hat dafür Sorge zu tragen, dass Infrastrukturen geschaffen und aufrecht erhalten werden, die es den Menschen erlauben, ein ihren Vorstellungen entsprechendes Leben zu führen. Dies würde auch den gesellschaftlichen Druck aus den Debatten reduzieren, die durch die politischen Interventionen zur Einhegung sozialer Einkommens- und Vermögensungleichheit unweigerlich hervorgerufen werden würden. Derartige Infrastrukturen umfassen nicht allein die bereits bestehenden zur Mobilität, Bildung, Gesundheit, Verwaltung, etc., sondern schließen auch neue Formen der Daseinsvorsorge mit ein. Zu denken ist hier an öffentliche Einrichtungen, die einen Zugang zu breitbandigen Informations- und Kommunikationstechnologien bereitstellen oder die Bereitstellung neuer sozialer Güter und Dienste (mit-) tragen, wie Social Co-Housing, Repair Cafés, Food Coops, Public Gardening, Tauschringe für Werkzeug oder Gartengeräte oder Zeitbanken für reziproke Hilfsangebote. Auch wäre zu überlegen, statt familien- bzw. haushaltsbezogene Unterstützungsleistungen zu finanzieren, mehr in die Institutionen der Daseinsvorsorge zu investieren, also beispielsweise statt Kindergeld zu zahlen, Kindergärten zu finanzieren, die für alle Kinder kostenlos sind, um auch tatsächlich in Anspruch genommen werden zu können. Dieser Vorschlag, der ja in anderen europäischen Ländern (zum Beispiel in skandinavischen Ländern) umgesetzt wurde, ließe sich auf andere Bereiche wie zum Beispiel Pflege, Wohnen oder Kultur mühelos erweitern. Eine solche Verschiebung auf die institutionelle Ebene muss dabei nicht zwingend einen Ausschließlichkeitscharakter annehmen, sie sollte allerdings die dominante Ebene sein.

Gesellschaft und Raum als Grundlage einer Debatte – nun der Raum

Ich habe oben unterstellt, dass es eine gesellschaftspolitische Debatte zum Umgang mit den sozialen und geographischen Einflussgrößen auf das ‚genug für alle'-Prinzip braucht. Eine rein soziale Auseinandersetzung zu den Grenzen sozialer Ungleichheit würde ohne eine Berücksichtigung des räumlichen

Kontexts zu unspezifisch bleiben. Dies wird besonders, um nur ein Beispiel hier anzuführen, an den regionalen Disparitäten innerhalb wie zwischen den Ländern der Europäischen Union deutlich. Seit Jahrzehnten ist die Europäische Union darum bemüht, die soziale Kohäsion ihrer Mitgliedsstaaten über den Abbau regionaler Disparitäten zu erzielen: „Economic and social cohesion … is about 'reducing disparities between the various regions and the backwardness of the least-favoured regions'" (European Commission 2014). Dabei ist sie durchaus auch erfolgreich gewesen. Das Faktum bis heute bestehender und in jüngerer Vergangenheit wieder wachsender räumlicher Ungleichheiten – vor allem innerhalb der Mitgliedsstaaten – legt aber nahe, die variable Festlegung von Grenzwerten und Spannweite sozialer Ungleichheit eben auch an räumlichen Verhältnissen zu justieren. Mit dieser Justierung ist ein wechselseitiger Prozess zu verbinden, der räumliche Ungleichheit nicht als naturgegeben hinnimmt, sondern sie in den sozialen Ungleichheitsdiskurs als beeinflussbare und zu beeinflussende Größe inkludiert.

Regionale Disparitäten bringen Unterschiede in der Verteilung von Gütern und Dienstleistungen, von Bevölkerung, Kaufkraft und Einkommen zum Ausdruck. Die Ungleichheit selbst bemisst sich an dem Mittelwert des Indikators, der für eine bestimmte räumliche Einheit ermittelt wird. Neben der Wahl des Mittelwerts und des Indikators beeinflusst die Wahl der räumlichen Einheit maßgeblich das Ergebnis der regionalen Ungleichheit. Aus politischen und pragmatischen Gründen werden in der Europäischen Union administrative Raumeinheiten, die so genannten NUTS-Einheiten, verwendet. Ihre Skalierung beginnt, je nach Mitgliedsland unterschiedlich, bei der Gemeinde und endet bei der nationalen Ebene. Allein schon die Tatsache, dass die räumliche Einheit für die Disparitätsmessung unterschiedlich groß sein kann, macht deutlich, wie wichtig es ist, die Festlegung des als legitim akzeptierten Ausmaßes sozialer Ungleichheit nicht durch absolute Werte eines Mindest- und Höchsteinkommens erreichen zu wollen.

Methodische Herausforderungen einer Berücksichtigung von Raum

Es ist aber nicht allein die Skalierung, die den räumlichen Einfluss auf soziale Ungleichheit deutlich macht – und wir greifen an dieser Stelle zunächst nur die methodischen Probleme räumlicher Einflussnahme auf. Gleichermaßen problematisch ist, dass die Frage der Abgrenzung dieser territorialen Räume zur Messung und Beurteilung von Disparitäten willkürlich ist. Sie folgt, wie gesagt, pragmatischen Gründen. So lassen sich Statistiken gut auf diese Räume projizieren und für politische Ziele nutzen (oder missbrauchen). Sie schaffen Abgrenzungen, ohne jedoch intentional zu unterstellen, einen Unterschied diesseits und jenseits der Grenze zu markieren. Sie sind insofern abstrakt. Und dennoch steuern sie suggestiv unser Denken, indem sie uns glauben machen, innerhalb dieser Räume bestünde eine Homogenität, wohingegen zwischen diesen Räumen das Heterogene vorherrscht. So konstruieren wir Sprach- und Kulturräume, ländliche und städtische Räume, Nachbarschaften und öffentliche Plätze.

Willkür eignet sich denkbar schlecht für eine an nachvollziehbaren und umsetzbaren Kriterien ausgerichtete Abgrenzung von Raumeinheiten. Geeigneter wären funktionale Abgrenzungsversuche, die sich auf Ähnlichkeiten der infrastrukturellen Ausstattung oder ihrer Erreichbarkeiten stützen. Hierfür liegen jedoch kaum Daten in hinreichender Auflösung vor. Eine Möglichkeit, die Willkür produktiv zu nutzen, ist die zunehmende Aggregierung der Daten. Ausgehend von Individualdaten der Menschen oder Haushalte sind, in Abhängigkeit der länderspezifisch verfügbaren Administrativräume, Mittelwerte zu bilden. Die Unterschiede der Mittelwertdifferenzen können dann bis zur gewünschten Administrativeinheit hochaggregiert als Maß der Veränderung herangezogen werden. So ließen sich auf empirische Weise Einkommensunterschiede immer größerer Bevölkerungseinheiten für eine politisch-normative Bestimmung volatiler Unter- und Obergrenzen des Einkommens ableiten. Zugleich läge in dieser Vorgehensweise ein Ansatz für eine objektiv begründete Einflussnahme maßgeblicher Preise vor – zum Beispiel für Miete bzw. Kauf von Wohnungen oder deren Betriebskosten. Durch die wachsende Verfügbarkeit von öffentlichen wie privaten Mikrodaten stehen diesem Ansatz auch nicht (länger) methodische Anwendungsprobleme entgegen.

Inhaltliche Herausforderungen einer Berücksichtigung von Raum

Dem Raum kommt aber auch eine ganz konkrete inhaltliche Bedeutung zu. Das Angebot an öffentlich finanzierten Infrastrukturen, Gütern und Diensten ist räumlich gleichmäßig verteilt zu schaffen bzw. zu erhalten. Die Frage des gleichen Maßes berücksichtigt dabei soziodemographische Disparitäten und technologische Potenziale, d.h. ein stationäres Angebot ist gerade auch in schrumpfenden Regionen wichtig, es orientiert sich allerdings auch an technologischen Ergänzungsmöglichkeiten.

Ein Beispiel aus dem Gesundheitsbereich sind technologische Assistenzsysteme, die Menschen in peripheren, dünnbesiedelten Regionen helfen, in ihren vertrauten Nachbarschaften wohnen zu bleiben, auch wenn das Angebot durch abnehmende ökonomische Rentabilität zurückgeht. So wird, um nur ein Beispiel zu streifen, im nordschwedischen Storuman das dortige Regionalkrankenhaus in die Lage versetzt, medizinische Dienstleistungen anzubieten, die eigentlich für Spezialkrankenhäuser vorgesehen sind (zum Beispiel assistieren bei Operationen die Fachärzte aus Umeå in Echtzeit). Gleichzeitig bietet es Geräte zur Blutuntersuchung an, die von den Einwohnern in den peripheren Weilern der Gemeinde selbständig genutzt werden können und so helfen, die Lebensqualität gleichmäßiger über das gesamte Gemeindegebiet zu verteilen.

Die räumliche Umwelt beeinflusst in starkem Maße die eigenen Handlungsoptionen, Entscheidungsspielräume sowie die sozialen Inklusions- und Exklusionsprozesse. Wo man lebt, bestimmt mit, wie man lebt. Sozialgeographische Räume flankieren somit wesentlich die Debatten um die Grenzen sozialer Ungleichheit. Nun ist es schon schwierig genug, Spannweiten und Unter- sowie Obergrenzen von Einkommens- und Vermögensungleichheit im regionalen Maßstab vergleichend, also relativ, zu ermitteln. Mindestens genauso schwierig ist es, diese für den weltweiten Maßstab zu eruieren. Das obige Verfahren lässt sich zwar umstandslos bis zur globalen Ebene anwenden, aber die Mittelwerte und ihre Standardabweichungen verlieren dabei immer mehr Informationsgehalt. Es wird am Ende jedoch weniger darum gehen, wie hoch genau das global maximale Einkommen bzw. Vermögen liegen wird. Das Verfahren unterstützt den Entscheidungsprozess, die tatsächliche Festlegung hat neben räumlichen Unterschieden auch fiskalische, ökonomische und soziokulturelle Differenzen zu berücksichtigen. Entscheidend wird vielmehr sein, eine Obergrenze zu definieren, die nirgendwo auf der Welt überschritten werden kann. Neben einem bedingungslosen Grundeinkommen – wie immer dies auch ausgestaltet werden mag – braucht es ein bedingungsloses Höchsteinkommen, um der bereits auf hohem Niveau bestehenden wachsenden Kluft zwischen Arm und Reich Einhalt zu gebieten.

Das Wechselspiel aus Einkommenshöhe und Kostenstruktur auf einer mittleren räumlichen Ebene und dabei vernünftigen Streuung der Einkommen der einzelnen sozialen Klassen ist im Blick zu behalten. Die Kaufkraft sowie die öffentlich zur Verfügung gestellten Güter und Dienstleistungen bieten hier angemessene Anhaltspunkte für eine politökonomische Gestaltung sozialer Ungleichheit.

Implikationen – ein vorläufiges Fazit

Weder ist Gleichheit Glück noch ist extreme Ungleichheit naturgegeben. Wünschenswert wäre eine Diskussion, die über die hier verhandelten Zusammenhänge hinausgeht. Denn eine Diskussion zu den Grenzen sozialer Ungleichheit setzt an den gesellschaftlichen *Rahmen*bedingungen für ein würdiges, gutes Leben an. Darüber hinaus braucht es den politischen Gestaltungswillen zur Beeinflussung dessen, was sich innerhalb des Rahmens abspielt. Im engeren Sinne betrifft dies beispielsweise Einkommensunterschiede in vergleichbaren Berufs- oder Tätigkeitsgruppen: Wie hoch dürfen diese Unterschiede zwischen einer Professorin und einem Doktoranden oder zwischen einem Hauptschullehrer und einer Gymnasiallehrerin sein? Im weiteren Sinne gehören hier auch ein Rückgang der irreversiblen Flächenversiegelung zur Erhaltung lebenswerter Städte und Dörfer, eine Reform des Steuersystems oder eine den politischen Handlungserfordernissen Rechnung tragende Subsidiarität in der Politik mit strategischen Entscheidungskompetenzen auf übergeordneten und operativen Ausführungskompetenzen auf untergeordneten Ebenen.

Eine dieser operativen Ausführungskompetenzen könnte in der Wohnungsmarktpolitik der Gemeinden liegen. Um diese mit Leben zu füllen, müsste ein kommunaler Handlungsspielraum erschlossen werden, der dem Gemeinwohl Vorrang vor Partikularinteressen einräumt (also Freiheit in einem negativen *und* positiven Sinn schafft). Ein Nachdenken über alternative Wohn(eigentums)-verhältnisse kann hier zu Entwicklungen führen, die sich bereits heute in Form von genossenschaftlichen oder anderen kollektiven Initiativen, von Social CoHousing und generationenübergreifenden Wohnformen abzeichnen. Noch weitergehend wären Bemühungen, die dem öffentlichen Sektor größere Handlungsspielräume bei der Gestaltung und Planung einer nachhaltigen Bodenpolitik einräumen würden. So könnte unter anderem durch öffentliche Intervention der privaten Spekulation von Grund und Boden die Grundlage entzogen werden, zum Beispiel durch eine entsprechende Abschöpfungssteuer. Noch besser wäre es freilich, Grund und Boden wären nicht in Privatbesitz, sondern ‚nur‘ das darauf stehende Haus. Welche gerechtigkeitspolitischen Möglichkeiten dann gegeben wären, sei hier einmal der Fantasie der Leserinnen und Leser überlassen.

Literatur

Butterwegge, C. (2017): ‚Die solidarische Bürgerversicherung'. <http://www.christophbutterwegge.de/texte/Buergerversicherung.pdf> Zugriff 06.09.2017.

Die Armutskonferenz (Hrsg.) (2015): *Armut in Österreich. Aktuelle Armuts- und Verteilungszahlen*. <http://www.armutskonferenz.at/armut-in-oesterreich/ aktuelle-armuts-und-verteilungszahlen.html >Zugriff 04.08.2017.

European Commission (Hrsg.) (2014): 'Regional Policy'. <http://ec.europa.eu/ regional_policy/en/faq/>, Zugriff 04.08.2017.

Frankfurt, H. G. (2015): 'On Equality'. Princeton: Princeton University Press.

Oxfam (Hrsg.) (2017): *Soziale Ungleichheit*. <https://www.oxfam.de/unsere-arbeit/themen/soziale-ungleichheit>, Zugriff 04.08.2017.

Straubhaar, T. (2017): *Radikal gerecht: wie das bedingungslose Grundeinkommen den Sozialstaat revolutioniert*. Hamburg: Verlag Edition Körber-Stiftung.

Zamyatin, Y. (2016): 'We'. London: Penguin Random House.

www.ingramcontent.com/pod-product-compliance
Lightning Source LLC
Chambersburg PA
CBHW070755300326
41914CB00053B/679